Luma Abdul Hameed, Hanadi Al Amleh
and Shoua Fakhouri

Cambridge IGCSE™

Arabic as a First Language

Teacher's Book

First edition

CAMBRIDGE
UNIVERSITY PRESS

CAMBRIDGE
UNIVERSITY PRESS

University Printing House, Cambridge CB2 8BS, United Kingdom

One Liberty Plaza, 20th Floor, New York, NY 10006, USA

477 Williamstown Road, Port Melbourne, VIC 3207, Australia

4843/24, 2nd Floor, Ansari Road, Daryaganj, Delhi - 110002, India

79 Anson Road, #06 -04/06, Singapore - 079906

Cambridge University Press is part of the University of Cambridge.

It furthers the University's mission by disseminating knowledge in the pursuit of education, learning and research at the highest international levels of excellence.

www.cambridge.org
Information on this title: www.cambridge.org

© Cambridge University Press 2020

This publication is in copyright. Subject to statutory exception and to the provisions of relevant collective licensing agreements, no reproduction of any part may take place without the written permission of Cambridge University Press.

First published 2020

20 19 18 17 16 15 14 13 12 11 10 9 8 7 6 5 4 3 2

Printed in Great Britain by CPI Group (UK) Ltd, Croydon CR0 4YY

A catalogue record for this publication is available from the British Library

ISBN 978-1-316-63619-0 Paperback

Cambridge University Press has no responsibility for the persistence or accuracy of URLs for external or third-party internet websites referred to in this publication, and does not guarantee that any content on such websites is, or will remain, accurate or appropriate. Information regarding prices, travel timetables, and other factual information given in this work is correct at the time of first printing but Cambridge University Press does not guarantee the accuracy of such information thereafter.

Exam-style questions and sample answers have been written by the authors. In examinations, the way marks are awarded may be different. References to assessment and/or assessment preparation are the publisher's interpretation of the syllabus requirements and may not fully reflect the approach of Cambridge Assessment International Education.

NOTICE TO TEACHERS IN THE UK

It is illegal to reproduce any part of this work in material form (including photocopying and electronic storage) except under the following circumstances:

(i) where you are abiding by a licence granted to your school or institution by the Copyright Licensing Agency;

(ii) where no such licence exists, or where you wish to exceed the terms of a licence, and you have gained the written permission of Cambridge University Press;

(iii) where you are allowed to reproduce without permission under the provisions of Chapter 3 of the Copyright, Designs and Patents Act 1988, which covers, for example, the reproduction of short passages within certain types of educational anthology and reproduction for the purposes of setting examination questions.

الفهرس

1 الفصل الأول
- الوحدة الأولى - إدمان ألعاب الإنترنت 1
- الوحدة الثانية - الصحافة الإلكترونية 5
- الوحدة الثالثة - أهمية الدعاية والإعلان في وقتنا الحالي 7

2 الفصل الثاني
- الوحدة الأولى - التطور الطبي 11
- الوحدة الثانية - الغذاء المتوازن وصحة الجسد 15
- الوحدة الثالثة - التدخين قاتل وعدو الملايين 18

3 الفصل الثالث
- الوحدة الأولى - المهرجانات العربية 22
- الوحدة الثانية - سائح في بلاد العرب 25
- الوحدة الثالثة - الأزياء التقليدية 27

4 الفصل الرابع
- الوحدة الأولى - السياحة والاقتصاد في العالم العربي 30
- الوحدة الثانية - الاقتصاد العالمي وتأثيره في الدول العربية 33
- الوحدة الثالثة - عجائب البلدان 36

5 الفصل الخامس
- الوحدة الأولى - الحياة المدرسية 40
- الوحدة الثانية - نحو تعلم مدى الحياة 43
- الوحدة الثالثة - كيف تختار مهنة المستقبل؟ 46

6 الفصل السادس
- الوحدة الأولى - فن العمارة الإسلامية 49
- الوحدة الثانية - دنيا الاختراعات 52
- الوحدة الثالثة - هل هناك حضارات ذكية في الفضاء الخارجي؟ 55

7 الفصل السابع
- الوحدة الأولى - التلوث البيئي 58
- الوحدة الثانية - التغير المناخي 62
- الوحدة الثالثة - علاقة الإنسان بالطبيعة ضمن واقع الحياة 64

8 الفصل الثامن
- الوحدة الأولى - الأدب العربي 66
- الوحدة الثانية - قصة مَثَل 70
- الوحدة الثالثة - اللهجات العربية المحكية ظاهرة طبيعية أم تشويه للّغة؟ 72

مقدمة

يهدف هذا الكتاب إلى مساعدة المعلمين في دعم الطلاب خلال دراستهم كتاب الطالب وكتاب التدريبات (العمل) لمنهج كامبردج IGCSE لغة أولى (0508). يحتوي هذا الكتاب على نصائح واقتراحات لتخطيط الدروس والأنشطة في الصف، وتقديم المشورة بشأن أنشطة إضافية للمستويات المختلفة لإثراء الدروس. بالإضافة إلى ذلك، يقدم هذا الكتاب تفسيرات واضحة للأهداف التربوية التي تساعد المعلمين على تحقيق أقصى فائدة من هذين الكتابين.

كيف يستخدم هذا الكتاب

ينقسم هذا الكتاب إلى ثمانية فصول وكل فصل ينقسم بدوره إلى ثلاث وحدات وبنفس تسلسل العناوين والمواضيع في كتاب الطالب.

تبدأ كل وحدة بالأهداف التي ينشد الطالب تحقيقها في نهاية الوحدة. بعدها تُعرض إجابات كتاب الطالب وكذلك نصائح وإرشادات حول كل نشاط، وبعض الروابط على شبكة الإنترنت التي يمكن استخدامها في الفصل لإثراء الدرس بوسائل سمعية وبصرية تساعد مختلف الطلاب على الاندماج في موضوع الدرس. كما تُوضَّح في هذا الجزء من كتاب المعلم أهداف صندوق (التاريخ والثقافة العربية). بالإضافة إلى ذلك، يزوّد المعلم بملخص مع أمثلة حول قواعد اللغة والتي توفر الوقت للمعلم؛ إذ يمكن استخدامها خلال الدرس لتوضيح القاعدة.

بعد ذلك، تُعرض إجابات كتاب التدريبات (العمل). يمكن للمعلم أن يستخدم كتاب التدريبات للأهداف التالية:

- مراجعة الدرس الرئيس من خلال الإجابة عن الأنشطة والواجبات المنزلية.
- تزويد الطلاب ذوي المستوى المتقدم بالمزيد من التدريبات التي يمكن القيام بها داخل الفصل.

مصادر هامة

هذا الكتاب يحتوي على جداول ومعايير لتقييم مستوى الطالب وطرق تقدمه في المهارات اللغوية كالكتابة بأنواعها (الجدلية والوصفية والسردية) والمحادثة. يُشجع المعلم على إشراك الطالب في هذه الجداول والمعايير واستخدامها معه لتزويده بالأسس اللازمة للوصول إلى الدرجات التي يهدف إليها مع إعطاء أمثلة واضحة لما هو مطلوب في بعض الأحيان. وهذا سيساعد الطالب في الإعداد للامتحان النهائي وبناء الثقة للنجاح بتفوق فيه.

الفصل الأول
الوحدة الأولى - إدمان ألعاب الإنترنت

أهداف الوحدة
عند نهاية هذه الوحدة، يحقق معظم الطلاب ما يلي:

- التعرف على أهم خصائص النص النقاشي.
- التعرف على معاني الكلمات من خلال سياق استخدامها وتوظيفها عند الكتابة.
- تحديد الموضوعات في النص النقاشي وتحليل وتقييم ما هو مهم لأغراض محددة.
- فهم وشرح ومقارنة المعاني الضمنية في النص.
- فهم تركيب الأسماء المعربة والمبنية وتوظيفها عند الكتابة.
- استخدام مجموعة من الأساليب اللغوية لإقناع المخاطب بوجهة نظر معينة.
- استخدام علامات الترقيم لمساعدة القارئ على فهم بناء النصوص المكتوبة.
- كتابة نص نقاشي ممتع وجاذب للاهتمام.

نشاط تمهيدي:

يهدف هذا النشاط إلى تهيئة الطالب للدرس وتحفيزه نحو إبداء رأيه الشخصي حول موضوع إدمان ألعاب الإنترنت، والاستماع إلى الرأي الآخر (حتى لو كان معارضًا لرأيه). كذلك يهدف هذا النشاط إلى تحفيز الطالب على التفكير بسمات النص الجدلي وأسلوبه وبنائه، إذ يحدد الطالب النقاط الرئيسة للآراء المؤيدة والمعارضة ويقوم بفهم وتحديد وتحليل وتقييم ما هو مهم لأغراض معينة.

اطلب من الطلاب قراءة أسئلة التمهيد، وأعطهم الفرصة لتبادل الآراء حول الموضوع ومناقشته، ثم اسأل بعض الطلبة عن رأيهم.

- هل أنت من مُحبي ألعاب الإنترنت؟ كيف ومتى بدأت اللعب؟ إذا كنت لا تلعب، كيف تقضي وقت فراغك؟
- هذا النص يدور حول فوائد وأضرار ألعاب الإنترنت. ما الجدال المتوقع وجوده في هذا النص؟ (شجع الطلاب على استخدام جدول للآراء المؤيدة والمعارضة للإجابة عن هذا السؤال)

إجابات كتاب الطالب:

التدريب الأول

يهدف هذا النشاط إلى تشجيع الطالب على قراءة النص قراءة سريعة لتكوين فكرة عن النص المقروء والآراء المتعارضة فيه. كذلك يحفز الطلبة على فهم وجمع معانٍ صريحة.

- اطلب من الطلاب قراءة النص مرتين والتركيز على العناصر الهامة في النصوص الجدلية.

- يشجع المعلم الطالب على استخدام المعجم للبحث عن المعاني الجديدة، معتمدًا على نفسه.

التدريب الثاني

يهدف هذا النشاط إلى تعزيز قدرة الطالب اللغوية على معرفة مرادفات الكلمات والتي ستساعده في الكتابة لإقناع القارئ.

1 هات معاني الكلمات التي تحتها خط حسب سياقها في الجملة، ثمَّ استخدم الكلمات الجديدة في جمل مماثلة.

نشاط إضافي:
اطلب وضع الكلمات في جمل بعد العثور على مرادفاتها في وقتٍ زمني محدد في شكل تحدٍّ لبعض الطلبة.

- **تركها:** الابتعاد عنها أو هجرها (إذا طلب منهم آبْاؤهم ترك اللعب بألعاب الإنترنت)
- **الهيّن:** السهل أو البسيط (ليس بالأمر السهل التخلي عن اللعب وأخذ قسط من الراحة)
- **أقرانهم:** أصدقائهم أو زملائهم
- **مُنغمسين:** منخرطين
- **بامتعاض:** بغضب
- **جَليّ:** ظاهر
- **تدعَم:** تعين أو تساند - :

2 الأبناء

3 أولًا: رؤية أبنائهم يخسرون الاتصال بالواقع. ثانيًا: عدم اهتمام أبنائهم بأيّ شيء عدا اللعب. ثالثًا: يتصرّف بناؤهم بقسوةٍ وشِدَّة إذا طُلبَ منهم الابتعاد عنها.

4 وجود خاصية الحوار المفتوح في ألعاب الإنترنت تُحفز الجانبَ الاجتماعي غير المتوفر في الألعاب بدون الإنترنت.

5 الأشخاص الذين لديهم ضعف في أساليب التعامل مع الآخرين، لأنّهم تمكنوا من تكوين رُموز قويّة تُمثلهم في اللُعبة.

6 أسهل للتعلم وتُلفِت النظر أكثر من غيرها.

7 سمات شخصية وحالاتٌ أسرية معينة وظروفٌ نفسية. الأشخاص ذوي الشخصيات الضعيفة مثلًا يدمنون على ألعاب الإنترنت لأنها تُكسبهم الثقة وكذلك يكوّنون أصدقاء.

8
- المدمن يضحي بالمهام الاجتماعيةِ الأخرى.
- يشعر بالغضب والاغتياظ.
- يعاني عدد من المدمنين من تقلب في شخصيتهم والبعض يعاني الوحدة.

9 استخدم الكاتب عبارة كلمح البصر لتشبيه مدى تأثير سرعة الألعاب في التخلص من مشاكل حياتهم.

10 يقبل التلخيص على شرط أن يكون حوالي ربع النص الأصلي مع مراعاة الحفاظ على النقاط الرئيسة واستخدام المرادفات عوضًا عن الإعادة والتكرار.

11 الإجابة مفتوحة للطلبة والغرض تشجيعهم على كتابة تعابير مركزة وتنسجم مع نصوص ومواضيع معينة.

12 شجع الطلبة على مناقشة حلول أخرى واقترح حلًّا آخر لعلاج الإدمان.

- يمكن للمعلم أن يُظهر الإجابات على السبورة (IWB) ويشجع الطالب على التقييم الذاتي لإجاباته، كما يستمع الطلبة إلى بعض الجُمل ويطلب من باقي الطلبة تقييمها.

التدريب الثالث

يهدف هذا النشاط إلى تحفيز الطالب وجعله جزءًا من القضية المطروحة لتشجيعه على النقاش والجدال الفعال النابع من التجارب الشخصية.

- الإجابة بـ "نعم" على ثلاث نقاط أو أكثر من النقاط المذكورة تشير دون تردد إلى أنك قد تعاني من إدمان الألعاب على الإنترنت، حسب كلام المختصين.

التدريب الرابع

1 هذا
2 الرجلين
3 أمس
4 الهاتفَ/الحاسوب/التلفاز
5 متى/هل

التاريخ والثقافة العربية
يهدف هذا الصندوق إلى جذب انتباه الطلبة إلى جمال الشعر العربي ويمكن للمعلم أن يطلب من الطلبة البحث عن بيت شعر يعزز رأيًا مؤيدًا أو معارضًا لإضفاء المتعة لدى القارئ.

التدريب الخامس
(شجع الطلبة على استخدام عباراتهم الخاصة وعدم نسخ العبارات والجمل من النص)

1 النص يطرح موضوعًا جدليًّا للنقاش والقضية هي الإنترنت بين مؤيد ومعارض.

2 جميع الأفكار المذكورة في الفقرة الأولى، مثل: أحدث الإنترنت قفزة غير مسبوقة في عالم الاتصالات.

3 الفقرة الثانية.

4 الفقرة الثالثة.

5 أية إجابة من الفقرة الثانية مع ذكر السبب.

6 أية إجابة من الفقرة الثالثة مع ذكر السبب.

7 في الفقرة الرابعة تكون الإجابة تلخيصًا لهذه الفقرة.

8 اطلب من الطلبة اختيار الانضمام إلى أحد الاتجاهات (مع أو ضد الآراء المطروحة)، ثمَّ اطلب منهم أن يكتبوا حججًا إضافية لتعزيز ذلك الرأي. شجعهم على استخدام أدوات الربط والأدلة النقلية.

- يقوم المعلم بتوضيح كل نقطة مع أمثلة معدة مسبقًا ويمكن عرضها أو كتابتها على السبورة ويطلب من الطلبة كتابة أمثلة أخرى.

التدريب السادس

1 الفعل المضارع، مثل: يرى ويسهّل وينغمر...
2 و/كذلك/كما...
3 نعم (أثبتت الدراسات أن الكثير من مستخدميهِ يفضلون العزلة والاندماج في عالم خيالي وفي بيئة بعيده عن الحياة العائلية والاجتماعية)
4 لا
5 لا
6 اطلب من الطلبة الإجابة عن السؤالين 4 و 5 وأكد على أهمية كتابة جمل تفيد النص وتحتوي على العنصر المفقود.

التدريب السابع

يهدف هذا النشاط إلى تحفيز الطالب على تنظيم وعرض الحقائق والأفكار والآراء واستخدام اللغة وتسجيلها بشكل مناسب للجمهور ولسياق النص.

- قبل البدء: يفضل إعطاء فرصة للطلبة للبحث عن القضية عبر شبكة الإنترنت لجمع الحقائق والأدلة والحجج النقلية للطرفين.
- اطلب من الطلبة كتابة كل العناصر التي من شأنها جعل النص متماسكا وذا أسلوب مؤثر في القارئ، مثل تحديد معاني الكلمات والمترادفات واستعمالاتها في الكتابة الجدلية، واستخدام علامات الترقيم وأدوات الربط وإدراك وظائف كل منها في الكتابة بوضوح وفي توصيل المعنى، والتمييز بين رأي الكاتب وآراء الآخرين الواردة في النص.

التدريب الثامن

1 ضع مكان الخط المائل علامة مناسبة من علامات الترقيم: قال خالد لجمال: "أين صديقنا محمد؟" قال جمال: "لقَد شعر بألم شديد في بطنه، وصداع في رأسه، فذهب إلى المستشفى، وهو يصيح: وابطناه! وارأساه!" قال خالد: "شَفَاه الله وعافاه". قال جمال: "هل تأتي معي يا خالد لزيارته؟" قال خالد: "نعم، سآتي معك إن شاء الله".

2 تُقبل إجابات متنوعة على أن تنطبق عليها شروط علامات الترقيم المذكورة.

إجابات كتاب التدريبات:

التدريب الأول
يهدف هذا النشاط إلى تحفيزه للنقاش حول الآثار الإيجابية والسلبية لمواقع التواصل الاجتماعي على المراهقين. كذلك يهدف هذا التدريب إلى تحفيز الطالب على تقييم مدى فهمه لأسلوب النص الجدلي وبنائه وذلك عن طريق التوقع قبل القراءة.

اطلب من الطلاب قراءة أسئلة التدريب، واعطهم الفرصة لتبادل الآراء حول الموضوع ومناقشته، ثم اسأل بعض الطلبة عن رأيهم.

التدريب الثاني
1. اطلب من الطلاب قراءة النص مرتين على الأقل.
2. اطلب من الطلاب استخدام المعجم لاستخراج الكلمات والتعابير غير المفهومة وكتابتها في الدفتر.
3. اطلب من الطلبة قراءة أكثر الكلمات غرابة بصوت عال أمام الصف.

التدريب الثالث
يهدف هذا التدريب إلى تشجيع الطالب على تقييم فهمه عن طريق مقارنة إجابته قبل قراءة النص وبعدها.

- القراءة المتكررة هي استراتيجية فعالة يمكن استخدامها حين يتفاوت مستوى الطلاقة في القراءة بين الطلبة، وتعمل بشكل أفضل حين تطبق على مجموعات صغيرة حيث يستمع الطلاب إلى بعضهم البعض.
- استخدام المعجم للبحث عن كلمات بديلة وقراءتها أمام الصف سيثري رصيد الطلاب بالكثير من المترادفات.

1. اطلب من الطلاب تدوين ملاحظاتهم حول لمقارنة بين التوقعات التي ذكروها في التمرين 1 ومحتوى النص، والأشياء المتشابهة بين إجاباتهم والنص، وما إذا تطرق المؤلف إلى أشياء لم يذكروها في دفترهم.
2. اطلب من الطلاب أن يتبادلوا بعض النقاط مع باقي الفصل.

التدريب الرابع
الركيزة: الدِعامة
بات: أَصْبَحَ
بزوغها: ظهورها
جمهور: أَغْلبِيَّة، أَكْثَرِيَّة، العَدَد الكَثِير، جَمِيع
للانغماس: للاشتراك
وعلى النَقِيض: وعلى العكس، وخلافًا لـِ

عينات: نماذج
سلس: سَهْل

التدريب الخامس
1
أ. معرب، معرب
ب. معرب، معرب
ج. مبني، مبني

2 اقبل إجابات متنوعة إذا كانت توافق المطلوب.
الأسماء المعربة مثلًا: الإفراط، التواصل، المدرسون
الأسماء المبنية مثلًا: هذه، الذي، ذلك

التدريب السادس
اقبل إجابات متنوعة إذا كانت توافق المطلوب، مع التأكيد أن:
هاتان معربة
الذي مبني

التدريب السابع
يهدف هذا التدريب إلى تشجيع الطلبة على التفكير بخصئص النص الجدلي وذلك بالبحث عن الحقائق والبراهين للأفكار المؤيدة للقضية مرة والمعارضة لها مرة أخرى.

1 اطلب من الطلاب ملء الجدول مرة بالوقوف في جانب المؤيد وأخرى بالوقوف بجانب المعارض.
2 اطلب من الطلاب البحث عن القضية من مصادر موثوقة ومتنوعة، كالبحوث على شبكة الانترنت، حتى تتشكل لديهم حجج مقنعة للطرفين.

التدريب الثامن
يهدف هذا التدريب إلى تعويد الطالب على تحويل الأدلة والبراهين إلى عبارات مترابطة ومؤثرة في القارئ قبل كتابتها، وذلك عن طريق الانتباه إلى عناصر أخرى مهمة تبرز أهميتها عن طريق الإجابة عن الأسئلة الواردة في التمرين.

التدريب التاسع

يهدف هذا التدريب إلى تحويل جميع عناصر النص الجدلي التي تم جمعها في الأنشطة السابقة إلى نص متماسك وجاذبٍ للانتباه.

شجع الطالب على استخدام جدول (معيار تقييم كتابة النص الجدلي) المذكور في نهاية هذا الفصل واجعله يتحدى نفسه باستخدام اللغة والمحتوى المطلوبين للوصول إلى أعلى مستوى.

التدريب العاشر

يهدف هذا التدريب إلى تعويد الطالب على تقييم نصوص الآخرين.

1. اطلب من الطلاب قراءة معيار تقييم كتابة النص الجدلي بدقة.
2. اطلب من أي طالب أن يقرأ مقاله أمام الفصل وعلى باقي الطلاب الاستماع إلى مقال زميلهم بإنصات.
3. يجب على الطلاب تقييم مقال زميلهم بكتابة شيء جيد مع وضع مثال/أمثلة وتوضيح السبب. يمكنك أيضًا إضافة طلب كتابة نصيحة تساعد صاحب المقال على رفع مستوى عمله.
(هنا يمكنهم الاستعانة بجدول معيار تقييم كتابة النص الجدلي الموجود في الصفحة الأخيرة في هذا الفصل).

الفصل الأول
الوحدة الثانية - الصحافة الإلكترونية

أهداف الوحدة
مع نهاية هذه الوحدة، يحقق معظم الطلاب ما يلي:
- قراءة موضوعات عن الصحافة الإلكترونية.
- تحديد الأفكار الرئيسة للنص.
- إنشاء موضوعات جديدة تتضمن الأفكار الرئيسة الواردة في النص.
- توظيف المفردات المستخدمة في النص في إنشائهم.
- التعرف على الفعل الماضي وعلامات إعرابه.
- التعرف على أسلوب الطباق.

نشاط تمهيدي:
اسأل أسئلة التمهيد الآتية:
- هل تقرأ الصحف؟ ما أهمية الصحافة ولماذا نقرأ الصحف في رأيك؟
- ما الذي يجذب انتباهك في الصحف الورقية، ولماذا؟
- هل تفضل تصفح الأخبار من خلال الشبكة العنكبوتية (الإنترنت)؟ ولماذا؟
- هل تعتقد أن انتشار الصحف الإلكترونية يؤثر سلبًا في مستقبل الصحف الورقية؟

إجابات كتاب الطالب:

التدريبان الأول والثاني
قم بترتيب مناقشة في الصف لمناقشة الأسئلة المذكورة في التمرين، تأكد من أن الجميع يشارك في النقاش.

1. الصحافة الإلكترونية
2. بالعودة إلى كل فقرة يضع الطالب فكرة مناسبة، مثال: الفقرة الأولى، ظهور الصحافة الإلكترونية وتنافسها مع الصحافة الورقية.
3. صحيفة الشرق الأوسط، النهار ...
4. الإجابة موجودة بالسطر الرابع من الفقرة الرابعة.
5. بسبب ما تحققه من عائدات ربحية وعدد الزائرين المرتفع.
6. انخفاض التكلفة المالية، عامل الوقت، تحديثات الصحف الإلكترونية مستمرة على مدار الساعة، فرصة الانفراد بنشر الأخبار.
7. صعوبات مالية، غياب التخطيط، عدم وجود عائد مادي، عدم وضوح الرؤية المتعلقة بمستقبل هذا النوع من الإعلام، عدم وجود رقابة.

الحلول:
المشاركة في إنتاجها، وتهيئة جيل جديد من الإعلاميين القادرين على التعامل مع هذه الوسائل بحِرفية ومفهوم جديد.

التدريب الثالث
تكنولوجيا المعلومات: استخدام الحاسوب في ترتيب الكثير من البيانات.
الصحافة الإلكترونية: نوع من الصحافة تستعمل الوسائط الإلكترونية في نشر مادتها الصحفية.
الشبكة العنكبوتية: نظام مشاركة المعلومات عن طريق الإنترنت.
مواقع إلكترونية: صفحات إلكترونية يمكن تصفّحها عن طريق استخدام جهاز الحاسوب الموصول بالإنترنت.
صحافة تفاعلية: الصحافة التي تتيح للجمهور إمكانية المساهمة بشكل مباشر في صناعة الخبر.
المواطن الصحفي: هو الشخص الذي يقوم بدور الصحفي في نقل أخبار وأحداث عايشها بنفسه.

التدريب الرابع
اطلب من الطلبة الالتزام بقواعد اللقاء الصحفي عند مناقشة الأسئلة.
يشجّع المعلم الطلبة على الرجوع إلى مقوّمات المقابلة الواردة في صفحة 11 من كتاب الطالب.

التدريب الخامس
ساعد الطلبة على القيام بتحضير الأسئلة المناسبة وإجراء المقابلات.

التدريب السادس
1. مبني على السكون
2. مبني على الضم لاتصاله بواو الجماعة
3. مبني على حذف حرف النون لاتصاله بألف الإثنين
4. مبني على حذف حرف النون لاتصاله بياء المخاطبة
5. مبني على على حذف حرف العلة من آخره

التدريب السابع
1. يتقنون
2. تنافس
3. يُحسَّن
4. اقرأ
5. أتمت
6. أعط

التدريب الثامن

1 بيضُ --- سودُ

2 التَّلاقي--- التَّفرُّقُ

3 تَنامُ--- ليس تنام* (الرَّسْل: الجماعة من الناس)

التدريب التاسع

ناقش النص مع الطلبة واطلب منهم أن يستخرجوا أهم الأفكار الرئيسة التي وردت فيه.

إجابات كتاب التدريبات:

التدريب الأول

قم بترتيب مناقشة في الصف لمناقشة الأسئلة المذكورة في التمرين، تأكد من أن الجميع يشارك في النقاش.

عند تقييم التلخيص استعمل سلم التقدير اللفظي الموجود صفحة 80.

التدريب الثاني

- يمكنك الحصول على نص القصيدة عن طريق الشبكة العنكبوتية.
- ناقش معنى الأبيات واسأل الطلبة عن أهمية الصحافة.
- ناقش مع الطلبة كيف تساهم الصحافة في مكافحة الفساد؟ اطلب منهم البحث عن معنى مصطلح الطابور الخامس.
- اطلب من الطلبة أن يقوموا باستنتاج معاني الكلمات التالية:

(ألمعي: ذكي، نزهت: كانت نزيهة، عقيم: لا خير فيه، الدرر: الجواهر)

التدريب الثالث

1 أعربْ 2 حضِّروا 3 أرسلي 4 انتبها

التدريب الرابع

1 احرص 2 اصدقوا 3 قُم 4 ارضَ
5 ابنِ 6 ادنُ 7 دعْ

اقبل جميع الجمل الصحيحة.

التدريب الخامس

1 سأتأكدنّ، يثبتْن، سأحققَن

2 نون التوكيد الثقيلة المشددة، نون النسوة وهي مفتوحة، نون التوكيد الخفيفة وهي ساكنة.

التدريب السادس

1-5 جمل متنوعة، اقبل جميع الجمل الصحيحة.

قِ: قِ نفسك من الخطر عِ: عِ لما يقال.

التدريب السابع

1 مهلًا، أجملي: تفيد الالتماس

2 تباعدوا وتقاربوا: تفيد النصح والإرشاد

3 ليجزه، ليهده: تفيد الدعاء

التدريب الثامن

1 النفي

2 التعجب

التدريب التاسع

يقبل المعلم الجمل الصحيحة ويطلب منهم تصحيح الجمل الخاطئة مع التعليل.

التدريب العاشر- الثالث عشر

ناقش الطلبة في المواضيع المقترحة. قم بمراجعة أعمال الطلبة وقم بتزويدهم بتغذية راجعة بناءة تساعدهم في تحسين مهارة الكتابة.

الوحدة الثالثة - أهمية الدعاية والإعلان في وقتنا الحالي

أهداف الوحدة

مع نهاية هذه الوحدة، يحقق معظم الطلاب ما يلي:

- قراءة موضوعات أهمية الدعاية والإعلان في وقتنا الحالي قراءة متأنية صامتة وجهرية.
- تحديد الأفكار الرئيسة لكل نص.
- إنشاء موضوعات جديدة تتضمن الأفكار الرئيسة الواردة في النص وتوظيف المفردات المستخدمة في النص في إنشائها.
- التعرف على الفعل المضارع وعلامات إعرابه المختلفة.
- إتقان كتابة المفردات التي تحتوي همزتي الوصل والقطع.
- التعرف على أسس مهارة التلخيص.

نشاط تمهيدي:

- ابدأ الدرس بعرض دعايات من الشبكة العنكبوتية واسأل الطلبة إن كانوا قد صدقوا ما ذكر بالدعاية أم لا. ناقش معهم التأثيرات الإيجابية والسلبية للدعاية في حياتنا العملية.
- اطلب من الطلبة أن يجيبوا عن أسئلة التمهيد في كتاب الطالب.
- اطلب من الطلبة أن يقرؤوا النص قراءة صامتة ثم اطلب من البعض أن يقرؤوا النص قراءة جهرية.
- ناقش النص واستعن بأسئلة الكتاب لتسيير النقاش.
- ناقش الطلبة في معاني المفردات الصعبة واطلب منهم أن يعبروا عنها بلغتهم الخاصة.
- شجع الطلبة على تدوين معاني المفردات بدفتر خاص كي يكون مرجعا للدراسة.

إجابات كتاب الطالب:

التدريب الأول

1 الدعاية والإعلان.

2 الشبكة العنكبوتية.

3 النقطة الخامسة من الفقرة الأولى.

4 أجوبة متعددة. يطلب المعلم تبرير الإجابة.

5 تعريف المستهلك بمميزات السلعة وخصائصها وسعرها، فالسلعة تأتي بنفسها إلى المستهلك في أي مكان.

6 تمسك المستهلك بحقوقه ووعيه بأسس ترشيد الاستهلاك والتخطيط لما يحتاج إليه...

7 انظر إلى النقاط الخمس في الفقرة الأولى.

8 وجود خيارات عديدة أمام المستهلك، خفض التكاليف، سرعة تبادل المعلومات وقدرة المستهلك على الاستفسار عن السلعة أو الخدمة.

التدريب الثاني

1 الترويج: التسويق

2 المستهلك: المستعمِل

3 السلع: البضائع

4 التسويق السياسي: الترويج لخطة سياسية

5 السلوكيات الاستهلاكية: التصرفات الشرائية أو الممارسات الشرائية.

> القواعد
>
> ناقش القواعد المذكورة في الكتاب بطريقة مبسطة.
>
> جزم الفعل المضارع المسبوق بطلب.
>
> إذا سبق الفعل المضارع بطلب كأن نقول: لا تعجل في أمورك تَسلَمْ أو ادرس تنجح. هنا الطلب لا تعجل تبعه فعل مضارع مجزوم (تسلمْ).

التدريب الثالث

- ظهر السكون لأن الفعل تستأذن صحيح الآخر.
- حذف حرف العلة لأن الفعل تدعو معتل الآخر (ناقص).
- حذفت النون لأن تأتون من الأفعال الخمسة وظهر السكون لأن الفعل أكرم صحيح الآخر.
- ظهر السكون لأن الفعل تنجحْ صحيح الآخر

التدريب الرابع

1 الفعل المضارع المرفوع

- صحيح الآخر وعلامة رفعه الضمة:

تستخدم، تعتبر، ينعكس، يقود، تتحكم، تدفع، تصل، تكشف، تحرّض

- معتل الآخر وعلامة رفعه الضمة المقدرة على آخره:

يأتي

2 الفعل المضارع المنصوب بأدوات النصب (أنْ، لنْ، كي، حتى، لام التعليل) لتصلَ، أن نجملَ، أن يتمسكَ

3 الفعل المضارع المجزوم:

المجزوم بأداة جزم (لمْ، لمّا، لام الأمر، لا الناهية) لا تملكْ.

التدريب الخامس

همزة الوصل الدعاية، الحالي، الاتصال، لعالم، الاعتماد، البضائع، الخدمات، الاستغناء، اجتماعي، انتباه.

همزة القطع: أهمية، الإعلان، أصبح، الأفكار، أقل، أفضل، إنتاج، إحداث.

التدريب السادس

- عند تقييم تلخيصات الطلبة للنص يرجى استخدام سلم التقدير الوصفي المذكور في نهاية الوحدة.

التدريب السابع

خُمُر: جمع الخمار وهو كل ما يستر، وخمار المرأة هو الثوب الذي تغطي به المرأة رأسها.

- ناقش نتائج بحث الطلاب عن الدارمي والعصر الذي عاش فيه، وتحدث معهم عن أهمية الشعر في ذلك الزمان. اسأل الطلاب عن كيفية تناقل المعلومات من بلد إلى آخر بدون وسائل التواصل المعروفة حاليا مشيرًا إلى أهمية التجارة في ذلك العصر.
- لمزيد من المعلومات عن القصة يمكن أن تطلب من الطلبة أن يبحثوا عن ذلك إما عن طريق زيارة المكتبة أو البحث في الشبكة العنكبوتية.
- عند مناقشة اختيار وسيلة للإعلان عن منتج يستهدف فئة الشباب في العصر الحالي؛ أعط الطلاب فرصة للتعبير عن مقترحاتهم مع تشجيعهم على الإبداع والابتعاد عن الإجابات المألوفة. إذا توفر الوقت اطلب من الطلاب أن يقوموا بإخراج دعاية تهدف إلى التعريف بمشروع تطوعي وتشجيع الشباب على المشاركة فيه.

المناظرة

- ناقش آداب المناظرة مع الطلبة واتفق معهم على تطبيقها أثناء أي نقاش، أو مناظرة في الصف وغيره.
- حاول إشراك جميع الطلبة واترك لهم المجال للتعبير عن آرائهم.
- اطلب من جميع الطلبة استخدام اللغة العربية السليمة، وشجعهم على استخدام المفردات التي تعلموها في هذه الوحدة.

التدريب الثامن

- يهدف هذا التمرين إلى تدريب الطلاب على استخلاص الأفكار الرئيسة من مناظرة أو نقاش، ثم استخدام قواعد التلخيص التي تعلموها في هذه الوحدة. إن التلخيص من المهارات المهمة التي يسأل عنها الطالب في الامتحان وهي مهارة مهمة أثناء الدراسة لذا يجب تمرين الطلاب على هذه المهارة كلما سنحت الفرصة لذلك.

عند تقييم التلخيص استعمل سلم التقدير اللفظي الآتي:

	أربع نقاط	ثلاث نقاط	نقطتان	نقطة
الأفكار الرئيسة	يذكر جميع الأفكار الرئيسة باستخدام جمل واضحة وصحيحة	يذكر معظم الأفكار الرئيسة باستخدام جمل واضحة وصحيحة	يذكر على الأقل فكرة رئيسة واحدة باستخدام جمل واضحة وصحيحة	يذكر بعض المعلومات دون الإشارة إلى الأفكار الرئيسة
التفاصيل	يذكر ثلاثة تفاصيل مهمة أو أكثر بوصف واضح وباستخدام جمل صحيحة وغير منقولة من النص	يذكر على الأقل تفصيلين مهمين بوصف واضح وباستخدام جمل صحيحة وغير منقولة من النص	يذكر على الأقل تفصيلًا مهمًا بوصف واضح وباستخدام جمل صحيحة وغير منقولة من النص	يذكر تفاصيل غير مهمة باستخدام جمل منقولة من النص
الخلاصة	يكتب خلاصة واضحة تحتوي على أهم أفكار النص	يكتب خلاصة واضحة تحتوي على معظم أفكار النص	يكتب خلاصة ضعيفة تحتوي على بعض أفكار النص	ليس هناك خلاصة
اللغة	يستخدم لغة واضحة خالية من الأخطاء النحوية وغنية بالمفردات المتعلقة بالموضوع وعلامات ترقيم صحيحة	يستخدم لغة واضحة تحتوي على القليل من الأخطاء النحوية والمفردات المتعلقة بالموضوع وعلامات ترقيم معظمها صحيح	يستخدم لغة تحتوي على الكثير من الأخطاء النحوية وعلامات الترقيم غير الصحيحة	يستخدم لغة معظمها أخطاء نحوية وعلامات الترقيم غير صحيحة

إجابات كتاب التدريبات:

التدريب الأول

- اسأل الطلبة إن كان مقال الدكتور جلال أمين مؤكدًا لما جاء في النص أم مخالفًا له.

التدريب الثاني

الترويج: التسويق، **المستهلك:** المستعمِل، **السلع:** البضائع، **التسويق السياسي:** الترويج لخطة سياسية، **السلوكيات الاستهلاكية:** التصرفات الشرائية أو الممارسات الشرائية.

التدريب الثالث

يتهافتُ، يسعى، تؤثرُ، يروِّجُ، تعلنا، يقوموا، تشترِ.

التدريب الرابع

تنهى، يتمتعون، تجني، تغشون.

التدريب الخامس

- يقبل المعلم الجمل الصحيحة ويطلب من الطلبة تعديل الخاطئة منها.

التدريب السادس

1 استهزأ أحمد بزميله، فنبهه معلمه.

2 أنتم مستقبل الوطن.

3 أخرج الراوي ما في جعبته.

4 في الاتحاد قوة.

5 إن إبراهيم نبيُّ الله.

6 امرؤ القيس شاعر من العصر الجاهلي.

التدريب السابع

1 ألف الوصل:
الدعاية، الحلي، اتصال، التنافس، المنتجين، الصناعي، الناس، انتخابهم.

2 همزة القطع:
أهمية، إعلان، أفضل، إنتاج، أكدت، أفراد.

التدريب الثامن

استخدم سلم التقدير اللفظي المبين أعلاه.

التدريب التاسع

- يشجع المعلم الطلبة على التفكير في عناوين مختلفة ثم يقوم بكتابتها على السبورة ويطلب من الطلبة اختيار أفضل عنوان يعبر عن الفقرة مع التعليل.
- يتوقع المعلم أجوبة مختلفة مثل: انتهاز فرصة انتشار هذا النوع من الحمية بين المشاهير من قبل الشركات لإقناع العامة بشراء منتجاتهم... يقبل المعلم الإجابات جميعها مع التعليل.
- افتح المجال لجميع الطلبة للمشاركة في النقاش.

التدريب العاشر

شجع الطلبة على استخدام اللغة العربية السليمة واستخدم البرنامج الذي يفضلونه مثل "البوربوينت" أو "بريزي" وغيرها، ولكن اسمح لمن يرغب في أن يستخدم أي أسلوب آخر للعرض بذلك وشجع على التنوع في الوسائل المستخدمة.

عند الانتهاء من العرض وزع الأسئلة التالية على الطلبة لكي تساعدهم على تقييم أعمالهم وتحسينها:

- ما نقاط القوة ونقاط الضعف التي لمستها في تقديمك؟
- ما المؤثرات التي أثرت في تقديمك سلبًا أو إيجابًا؟
- لو أتيحت لك فرصة العرض مرة أخرى، ما التحسينات التي ستجريها؟

التدريب الحادي عشر

- لا تحد من الطريقة التي يختارها الطلبة لتصميم الدعاية فقد تكون على شكل فيديو أو دعاية صوتية أو غيرها. الهدف هنا هو تشجيع الطلبة على الإبداع.
- اطلب من الطلبة استخدام اللغة العربية السليمة واستخدام المفردات التي لها علاقة بالدعاية والإعلام.
- يمكن للطلبة متوسطي القدرات أن يناقشوا دعايات مشابهة حتى يخرجوا بأفكار مطورة منها. أما الطلبة الذين يمتلكون مهارات لغوية متقدمة فيمكنهم أن يقوموا بتصميم دعاية بأفكار جديدة.

إجابات نموذج على غرار الامتحان

الورقة 1 القراءة

1 استخدم الكاتب أفعالًا متنوعة مثل المضارع والأفعال الناسخة والتي تترك انطباعًا أن الآراء مطروحة الآن وتجذب القرئ للاندماج فيها. (1)

2 يكونون الأكثر عُرضةً للإصابة بإدمان ألعاب الإنترنت. (1)

3 عوالم الخيال المقدّمة من قبل ألعاب الكمبيوتر والفيديو يمكن أن تصبح سبباً في الإدمان ولجميع الأعمار، وهذا بدوره يدمر الشخصية والزواج والمهن، إذ أصبح هذا العالم الافتراضي أسرع مهرب للناس من مشاكل حياتهم وأصبحوا منغمسين فيه لساعات. (2)

Cambridge IGCSE Arabic as a First Language

الورقة 2 الكتابة

- شارك وناقش المعايير المستخدمة في تقييم كتابة النص الجدلي مع الطلبة.

معيار تقييم كتابة النص الجدلي (25 درجة)

اللغة	الدرجة	✓	المحتوى	الدرجة	✓
- استخدام جمل بسيطة ومركبة بطلاقة **دائمًا**. - استخدام مفردات **دقيقة ومؤثرة ومتنوعة وفعالة بشكل دائم**، تعكس فحوى النص وتجذب اهتمام القارئ. - الجمل دقيقة نحويًا والإملاء واستخدام علامات الترقيم صحيحة.	12-11		- هناك جهد واضح ومستمر لكتابة وتطوير تفاصيل عميقة و**عديدة** وعبارات مؤثرة لكل طرف أو رأي. - الجمل الجدلية مترابطة بشكل ممتاز فيما بينها وهناك استخدام ممتاز للفقرات لفصل الآراء. الجمل واضحة وغير متكررة.	13-11	
- استخدام جمل بسيطة ومركبة بطلاقة **في معظم الأحيان**. - استخدام مفردات **دقيقة ومؤثرة ومتنوعة**، تعكس فحوى النص وتجذب اهتمام القارئ. - الجمل دقيقة نحويًا مع بعض الأخطاء الإملائية وبعض الأخطاء في استخدام علامات الترقيم.	10-9		- هناك جهد واضح لكتابة تفاصيل **عديدة** وعبارات مؤثرة لكل طرف أو رأي. - الجمل الجدلية مترابطة بشكل جيد وهناك استخدام جيد جدًا للفقرات لفصل الآراء. الجمل واضحة وغير متكررة.	10-9	
- استخدام جمل بسيطة ومركبة بطلاقة **في بعض الأحيان**. - استخدام مفردات **دقيقة** تعكس فحوى النص وتجذب اهتمام القارئ. - الأخطاء النحوية والإملائية قليلة جدًا في الجمل المركبة، **وبعض** الأخطاء في استخدام علامات الترقيم التي لا تعيق فهم الجمل.	8-7		- هناك جهد واضح لكتابة تفاصيل **عديدة** وعبارات مؤثرة لها علاقة بالسؤال. - الجمل الجدلية مترابطة وهناك استخدام جيد للفقرات لفصل الآراء. الجمل واضحة وغير متكررة.	8-7	
- الجمل بسيطة جدًا وفيها بعض التفاصيل مع وجود محاولات لاستخدام جمل مركبة. - استخدام مفردات **عامة** تعكس فحوى النص. - **بعض** الأخطاء النحوية والإملائية **وبعض** الأخطاء في استخدام علامات الترقيم.	6-5		- هناك جهد كبير لكتابة تفاصيل **أكثر** وعبارات مؤثرة ومعظمها لها علاقة بالسؤال. - الجمل الجدلية مترابطة وهناك استخدام بسيط للفقرات لفصل الآراء. بعض الجمل غير واضحة أو متكررة.	6-5	
- الجمل بسيطة جدًا وفيها بعض التفاصيل. - استخدام مفردات **بسيطة**. - **العديد من** الأخطاء النحوية والإملائية وسوء استخدام علامات الترقيم.	4-3		- هناك جهد لكتابة تفاصيل عن السؤال بالرغم من عدم وضوح جميعها. - الجمل ضعيفة الترابط وهناك استخدام بسيط للفقرات لفصل الآراء.	4-3	
- الجمل بسيطة وغير واضحة المفردات. - استخدام مفردات **محدودة**. - **مليء** بالأخطاء النحوية والإملائية وسوء استخدام علامات الترقيم.	2-1		- القليل من المعلومات متعلق بالمطلوب في السؤال. - هناك بعض العبارات الجدلية في جمل ضعيفة الترابط.	2-1	
- الجمل غير مفهومة المعنى. - **مليء بشكل تام** بالأخطاء النحوية والإملائية وسوء استخدام علامات الترقيم.	0		المحتوى ليس له علاقة بالمطلوب في السؤال.	0	
الدرجة النهائية:					

- اطلب من الطلبة عمل تقييم ذاتي أولًا بالنظر إلى هذه المعايير.
- قم بتقييم عملهم وأعطهم بعض النصائح لتحسين مستوى الكتابة.

الوحدة الأولى - التطور الطبي

أهداف الوحدة

مع نهاية هذه الوحدة، يحقق معظم الطلاب ما يلي:

- التعرف على معاني الكلمات من خلال سياق استخدامها وتوظيفها عند الكتابة.
- تحديد الموضوعات في النص وتحليل وتقييم ما هو مهم لأغراض محددة.
- فهم وشرح ومقارنة المعاني الضمنية في النص.
- فهم تركيب الأفعال الخمسة وتوظيفها عند الكتابة.
- فهم واستخدام مجموعة من الأساليب اللغوية لتلخيص النصوص.
- كتابة نص ملخص ومترابط.

نشاط تمهيدي:

يهدف هذا النشاط إلى تهيئة الطالب للدرس وتحفيزه على المشاركة في النقاش وتبادل الآراء والمعلومات العامة حول شخصية أبي القاسم الزهراوي. كذلك يهدف هذا النشاط إلى تحفيز الطالب على التفكير بسمات النص السردي وإبداء المقترحات وتعليل السبب وفهم وجمع معان صريحة.

اطلب من الطلاب قراءة أسئلة التمهيد، وأعطهم الفرصة لتبادل الآراء حول الموضوع ومناقشته، ثم اسأل بعض الطلبة عن رأيهم.

نشاط إضافي:
اطلب وضع الكلمات في جمل بعد البحث عن مرادفاتها في وقت زمني محدد على شكل تحدّ لبعض الطلبة.

1 بعد النظر إلى الصورة، مَن الزهراوي؟ لماذا؟ أعط الطلبة الفرصة للتعبير عن وجهة نظرهم وشجعهم على استعمال اللغة العربية السليمة.

2 النص سردي (سيرة ذاتية). اطلب من الطلبة قراءة الأسئلة (1-3) ومن ثم ملء الفراغات بما يناسبها. لمساعدة الطلبة يمكن القيام بما يلي:

- اعرض عليهم فيلم (*عميد الجراحين أبو القاسم الزهراوي*) من *الجزيرة*. نت واطلب منهم ملء الفراغات.
- أو اطلب من الطلبة البحث عن المعلومات عبر شبكة الإنترنت.

3
- المكتبة السليمانية في اسطنبول
- ابتكر—لتفتيت (أو اي كلمة شبيهة)
- اللاتينية

إجابات كتاب الطالب:

التدريب الأول

يهدف هذا النشاط إلى تشجيع الطالب على قراءة النص لتكوين فكرة عن النص المقروء. كذلك يهدف هذا النشاط إلى تحفيز الطالب على فهم وجمع معان صريحة.

- اطلب من الطلاب قراءة النص مرتين والتركيز على العناصر الهامة في النصوص السردية.

- يشجع المعلم الطلاب على استخدام المعجم للبحث عن المعاني الجديدة، بالاعتماد على أنفسهم.

التدريب الثاني

يهدف هذا النشاط إلى تعزيز قدرة الطالب اللغوية في معرفة مرادف الكلمات والتي ستساعده في الإجابة عن الأسئلة باستخدام أسلوبه الخاص.

أ. قصر
ب. قاتل أو مميت
ج. من أشهر أو أهم وأوسعها انتشارًا
د. أشار أو ألمح
ه. الأوائل
و. تلهف
ي. وفي/ بار/مخلص

- يمكن للمعلم أن يُظهر الإجابات على السبورة (IWB) ويشجع الطالب على تقييم إجاباته تقييما ذاتيًا، كما يستمع إلى بعض الجُمل ويطلب من باقي الطلبة تقييمها.

التدريب الثالث

يهدف هذا النشاط إلى إرشاد الطالب إلى فهم أهمية التصفح السريع والقراءة المتأنية والبدء بتطبيق التصفح السريع. كذلك يهدف هذا النشاط إلى تحفيز الطالب على تحديد وتحليل و تقييم ما هو مهم لأغراض محددة.

- اطلب من الطلبة قراءة (نقطة انتباه).
- اطلب من الطلبة الإجابة عن الأسئلة.

1

أ. أبو العمليات

ب. يجب على الطبيب أن يعالج المريض بغض النظر عن مكانته الاجتماعية.

ج. أحشاء الحيوانات

د. حذر من وجوب وجود المهارة اللازمة للأطباء غير المتمرسين قبل إجراء عملية التشريح.

2 ب. الزهراوي ألّف كتبًا مفيدة أشهرها كتاب استحضار الأدوية.

3 شجع الطلبة على النقاش وتبادل الآراء المختلفة، ثم اطلب من بعض الطلبة الإجابة وإيضاح السبب. لا تنس تشجيعهم على استخدام اللغة السليمة والعبارات المقنعة.

قم أيضًا بإعطاء الطلبة الفرصة كي يتحدثوا باسم الزهراوي ويعبروا عن آرائهم وما الذي سيغيرونه مستخدمين زمن المستقبل.

4

- اطلب من الطلبة البحث عبر شبكة الإنترنت عن شخصية عربية أثرت في مجال الطب أو في مجال علمي آخر في عصرنا الحالي.
- اطلب من الطلبة تحضير بحث عن هذه الشخصية. ذكرهم بأهمية مراعاة الكتابة السليمة واستخدام الفقرات وأدوات الربط وعلامات الترقيم.
- اطلب من الطلبة عرض بحثهم أمام باقي الطلاب، واطلب من الطلبة تقييم كل عرض من الناحية اللغوية وأسلوب العرض. هنا يمكن أن تطلب من الطلاب كتابة شيئين جيدين نالا إعجابهم في بحث الطالب وأسلوب عرضه، وشيء واحد يجب على الطالب ملاحظته وتحسينه كي يكون عرضه أفضل. يمكن أن يكون كالآتي:

الشيء الذي أعجبني هو.....................و..............................

سيكون العرض أفضل لو..

التدريب الرابع

يهدف هذا النشاط إلى تدريب الطالب على تلخيص الأفكار وتعريفه بأهمية الفقرة وتأثيرها في الكتابة وعند القراءة، والاستخدام الدقيق والفعال للفقرات، والتراكيب النحوية، والجمل.

التدريب الخامس

يهدف هذا النشاط إلى قراءة النص دون أن يكون مقسمًا إلى فقرات وتقصي مدى صعوبة التركيز لفهم المضمون و تشجيع الطالب على تقسيمه إلى فقرات وملاحظة الفرق.

- اطلب من الطلبة تقسيم النص إلى فقرات ومقارنة الإجابة مع زملائهم قبل عرض الإجابة.

كنت في بيروت في ربيع تلك السنة المملوءة بالغرائب، وكان نيسان قد أنبت الأزهار والأعشاب، فظهرت في بساتين المدينة كأنها أسرار تعلنها الأرض للسماء. وكانت أشجار اللوز والتفاح قد اكتست بحلل بيضاء معطرة، فبانت بين المنازل كأنها حوريات بملابس ناصعة قد بعثت بهن الطبيعة عرائس وزوجات لأبناء الشعر والخيال.

الربيع جميل في كل مكان، ولكنه أكثر من جميل في سوريا. الربيع روح إله غير معروف تتطوف في الأرض مسرعة، وعندما تبلغ سوريا تسير ببطء متلفتة إلى الوراء مستأنسة بأرواح الملوك والأنبياء الحائمة في الفضاء. مترنمة مع جداول اليهودية بأناشيد سليمان الخالدة. مرددة مع أرز لبنان تذكارات المجد القديم.

وبيروت في الربيع أجمل منها في ما بقي من الفصول؛ لأنها تخلو فيه من أحوال الشتاء وغبار الصيف وتصبح بين أمطار الأول وحرارة الثاني كصبية حسناء قد اغتسلت بمياه الغدير ثم جلست على ضفته تجفف جسدها بأشعة الشمس.

ففي يوم من تلك الأيام المفعمة بأنفاس نيسان المسكرة وابتساماته المحيية، ذهبت لزيارة صديق يسكن بيتًا بعيدًا عن ضجة الاجتماع. وبينما نحن نتحدث راسمين بالكلام خطوط آمالنا وأمانينا دخل علينا شيخ جليل في الخامسة والستين من عمره تدل ملابسه البسيطة وملامحه المتجعدة على الهيبة والوقار، فوقفت احترامًا وقبيل أن أصافحه مسلمًا تقدم صديقي وقال "حضرته فارس أفندي كرامة" ثم لفظ اسمي مشفوعًا بكلمة ثناء، فأحدق بي الشيخ هنيهة لامسًا بأطراف أصابعه جبهته العالية المكللة بشعر أبيض كالثلج كأنه يريد أن يسترجع إلى ذاكرته صورة شيء قديم مفقود، ثم ابتسم ابتسامة سرور وانعطاف واقترب مني قائلًا "أنت ابن صديق حبيب قديم صرفت ربيع العمر برفقته فما أعظم فرحي بمرآك وكم أنا مشتاق إلى لقاء أبيك بشخصك".

فتأثرت لكلامه وشعرت بجاذب خفي يدنيني إليه بطمأنينة، مثلما تقود الغريزة العصفور إلى وكره قبيل مجيء العاصفة. ولما جلسنا أخذ يقص علينا أحاديث صداقته لوالدي متذكرًا أيام الشباب التي صرفها بقربه، تاليًا على مسامعنا أخبار أعوام قضت فكفنها الدهر بقلبه وقبرها في صدره. إن الشيوخ يرجعون بالفكر إلى أيام شبابهم رجوع الغريب المشتاق إلى مسقط رأسه ويميلون إلى سرد حكايات الصبا ميل الشاعر إلى تنغيم أبلغ قصائده، فهم يعيشون بالروح في زوايا الماضي الغابر لأن الحاضر لا يمر بهم ولا يلتفت والمستقبل يبدو لأعينهم متشحًا بضباب الزوال وظلمة القبر.

وبعد ساعة مرت بين الأحاديث والتذكارات مرور ظل الأغصان على الأعشاب، وقف فارس كرامة للانصراف ولما دنوت منه مودعًا أخذ يدي بيمينه ووضع شماله على كتفي قائلًا: "أنا لم أر والدك منذ عشرين سنة ولكنني أرجو أن أستعيض عن بعاده الطويل بزياراتك الكثيرة" فانحنيت شاكرًا واعدًا بتتميم ما يجب على الابن نحو صديق أبيه.

التدريب السادس

- اطلب من الطلبة تطبيق ما ذكر عن التلخيص وذكرهم بأهمية استخدام أدوات (الوصل والربط) مثلًا: **تلخيصًا للموضوع، لأن، تباعًا، أوّلا، وأحيانًا، بالتأكيد، ومن ناحية أخرى، و، لكن، بينما، على غير، بالرغم من إلخ...** والتي يختار من بينها الطالب ما يصلح لربط الجملة الافتتاحية بجملة أخرى تليها.

التدريب السابع

تصحيح للسؤال في كتاب الطالب: المطلوب فقط إيجاد فعل خماسي في حالة الرفع

- اقبل أي من الإجابتين التاليتين: يكنونني أو بلقبونني
1. الطبيبان **يبذلان** جهدًا كبيرًا في شفاء المرضى.
2. المريضتان **تشعران** بالفرح عند العودة إلى البيت.
3. العلماء **يعملون** كلَّ طاقتهم لإيجاد دواء للسرطان.
4. أنتِ يا ليلى لمَ **تريدين** أن تصبحي طبيبة مشهورة؟
5. أنتما **تستعدان** للسفر وتجديد معلوماتكما.

إجابات كتاب التدريبات:

التدريب الأول

يهدف هذا النشاط إلى تهيئة الطالب للنشاط وتحفيزه للنقاش حول شخصية رائدة في علم الطب، الدكتور مجدي يعقوب. كذلك يهدف هذا التدريب إلى تحفيز الطالب على تقييم مدى فهمه لأسلوب النص السردي وبنائه وذلك عن طريق التوقع قبل القراءة.

اطلب من الطلاب قراءة أسئلة التدريب، وأعطهم الفرصة لتبادل الآراء حول الموضوع ومناقشته، ثم اسأل بعض الطلبة عن رأيهم.

- هذا النص يناقش شخصية رائدة في علم الطب، الدكتور مجدي يعقوب. اطلب من الطلاب توقع نوع النص، هل هو (جدلي/سردي/ وصفي...) ولماذا (ما خصائصه)؟
- ما الذي سيتطرق إليه النص؟ اطلب من الطلاب كتابة جميع الأفكار التي قد يتطرق إليها النص على ورقة.

التدريب الثاني

1. اطلب من الطلاب قراءة النص مرتين على الأقل.
2. اطلب من الطلاب استخدام المعجم لاستخراج الكلمات والتعابير غير المفهومة وكتابتها في الدفتر.
3. اطلب من الطلبة قراءة أكثر الكلمات غرابة بصوت عال أمام الصف.

القراءة المتكررة هي استراتيجية فعالة يمكن استخدامها حين يتفاوت مستوى الطلاقة في القراءة بين الطلبة وتعمل بشكل أفضل حين تطبق على مجموعات صغيرة حيث يستمع الطلاب إلى بعضهم البعض. استخدام المعجم لاستخراج كلمات بديلة وقراءتها أمام الصف سيثري رصيد الطلاب بالمترادفات.

التدريب الثالث

يهدف هذا التدريب إلى تشجيع الطالب على تقييم فهمه عن طريق مقارنة إجاباته قبل قراءة النص وبعدها.

1. اطلب من الطلاب تدوين ملاحظاتهم حول المقارنة بين توقعات التي ذكروها في التدريب 1 ومحتوى النص، والأمور المتشابهة بين إجاباتهم والنص، ومدى تطرق المؤلف إلى أمور لم يذكروها في دفترهم.
2. اطلب من الطلاب مشاركة زملائهم في الفصل في بعض التقاط.

التدريب الرابع

يهدف هذا التدريب إلى توضيح أهمية الفقرات ومحتواها الملائم. اطلب من الطلاب البحث عن الفقرة الملائمة لكل عنوان:

- الجرَّاح المبدع. (3)
- الملهم. (2)
- حياته. (1)
- الطبيب الإنسان. (6)
- بعض خصوصياته. (7)
- الباحث. (5)

التدريب الخامس

تنحدر: تهبط (أي تأتي من...)
السير على خطاه: حذا حذوه أو اقتفى أثره أو سلك طريقه
الرائد: المُتَقَدِّم
نُظرائه: أمثاله
مولعٌ: عاشق، شغوف
المتأصلة: الثَّابتة، الرَّاسخة
المجتمعات النامية: المجتمعات الناشئة أو الساعية إلى تحقيق الازدهار
ملهمة: ذَكِيَّة، عَبْقَرِيَّة

التدريب السادس

1
1. تعملا
2. يتطوعان
3. تدرسين - لتساهمي
4. يبذلون
5. تتعبون، تساعدوا

2

أ. أنتِ تعالجين المريض وتعملين الخير. أنتما تعالجان المريض وتعملان الخير. أنتم تعالجون المريض وتعملون الخير.

ب. لا تتهاوني في مساعدة المحتاج. لا تتهاونا في مساعدة المحتاج. لا تتهاونوا في مساعدة المحتاج.

ج. اعملي بجد لتعتمدي على نفسك. اعملا بجد لتعتمدا على نفسيكما. اعملوا بجد لتعتمدوا على أنفسكم.

3

أ.	النصب: الرجلان لن يعملا	الجزم: الرجلان لم يعملا
ب.	النصب: أنتِ يا فاطمة لن تلعبي.	الجزم: أنتِ يا فاطمة لم تلعبي.
ج.	النصب: الطبيبان لن يشتغلا حتى يستريحا.	الجزم: الطبيبان لم يشتغلا حتى يستريحا.
د.	النصب: أنت يا رقية لن تسهري.	الجزم: يا رقية لا تسهري!
هـ.	النصب: الفلاحون لن يبيعوا حتى يجنوا القطن.	الجزم: الفلاحون لمّا يجنوا القطن.

التدريب السابع

يهدف هذا النشاط إلى تعزيز قدرة الطالب في إعادة صياغة الجمل بأسلوبه الخاص، و فهم واستخدام مجموعة من المفردات المناسبة.

1 تأثر مجدي يعقوب منذ صغره بوالده الذي أفلح في الجراحة العامَّة وأراد أن يحذو حذوه. كذلك فقد تألم لوفاة عمّته بسبب ضيق أحد صمّامات القلب أثناء ولادتها طفلها وهي لا تزال في بداية العشرينيات من عمرها، فقرر أن يختص في جراحة القلب.

2 لُقب مجدي يعقوب من قبل الإعلام البريطاني بلقب ملك القلوب، كما أعطته ملكة بريطانيا إليزابيث الثانية لقب فارس.

3 اطلب من الطلبة مراجعة التلخيص في كتاب الطالب واتباع الخطوات المذكورة فيه.

4 ذُكِرت الموزمبيق وإثيوبيا لأنهما كانتا من ضمن الدول النامية التي عمل فيها مجدي يعقوب وقدم لهما الخدمات الطبية وتدريب الإطارات الموجودة.

5 "بيتر ميتوور" هو الحائز على جائزة نوبل وهو الأب الروحي لزرع الأعضاء وهو شخصية عبقرية، ويعتبره مجدي يعقوب الشخص الذي بدل حياته.

التدريب الثامن

1 اطلب من الطلبة تطبيق ما ذكر عن التلخيص وذكّرهم بأهمية استخدام أدوات الوصل والربط، مثلًا: تلخيصًا للموضوع، لأن، تباعًا، أوّلا، وأحيانًا، بالتأكيد، ومن ناحية أخرى، و، لكن، بينما، على غير، بالرغم من إلخ... والتي يختار من بينها الطالب ما يصلح لربط الجملة الافتتاحية بجملة أخرى تليها.

2 قم بتقييم أعمال الطلبة وزودهم بملاحظات بناءة تساعدهم في تحسين كتابتهم و لا تنس استعمال معايير التلخيص الموضحة سابقًا.

الفصل الثاني
الوحدة الثانية - الغذاء المتوازن وصحة الجسد

أهداف الوحدة
مع نهاية هذه الوحدة، يحقق معظم الطلاب ما يلي:
- قراءة النص قراءة جهرية بتركيز.
- شرح المعاني والمفردات وتوظيفها في كتاباتهم.
- التعرف على العادات الصحية الحسنة والمحافظة على صحة الجسد والنفس.
- مناقشة قضية صحية.
- التعرف على الجملة الفعلية وأركانها وأنواع الفاعل ونائب الفاعل، وبناء الفعل المبني للمعلوم إلى فعل مبني للمجهول.
- التمكن من كتابة الهمزة المتوسطة كتابة صحيحة.
- الاطلاع على الثقافة والأدب العربي.
- التعرف على فن المذكرات وخصائصه.
- القيام بعمل استبيان حول تناول الوجبات الصحية والوجبات السريعة.

نشاط تمهيدي:
- اكتب ما يلي على اللوح واطلب من الطلبة أن يفكروا في المعنى: "درهم وقاية خير من قنطار علاج".
- إنْ صَحَّتِ الأَجْسادُ أَطْلَعَتِ النُّهى ثَمَرَ الْمعارِفِ يانِعًا للجاني.
- اسأل الطلبة هل تعتبر التغذية نوعًا من أنواع الوقاية؟ ثم اطلب منهم تعليل إجاباتهم. ثم اسأل وماذا عن الرياضة؟
- اسأل أسئلة التمهيد المذكورة في كتاب الطالب قبل جميع الإجابات، وامنح الطلبة الوقت الكافي للنقاش فيما بينهم، وحاول أن تحد من تدخلك وإبداء رأيك، استمع إلى إجابات الطلبة وتأكد من أن الجميع شارك في النقاش.
- اطلب من جميع الطلبة قراءة النص قراءة صامتة، ثم اطلب من البعض قراءته قراءة جهرية. تأكد من سلامة ووضوح القراءة.
- ناقش بعض المصطلحات من النص، واطلب من الطلبة استخدامها في جمل مفيدة.

إجابات كتاب الطالب:

التدريب الأول
- اطلب من الطلبة أن يجيبوا عن أسئلة النص باستخدام لغتهم الخاصة.
1. الجلوس لساعات طويلة وعدم الحركة يؤديان إلى الإصابة بالأمراض...
2. نمط الحياة ونظام التغذية والرياضة، وخدمات الرعاية الصحية.
3. المحافظة على حيوية الوظائف ونضارة الجلد والوجه...

4. لتحقيق التوازن الغذائي.
5. يطلب المعلم من الطلبة مناقشة الدورين الإيجابي والسلبي للأقران.
6. يطلب المعلم من الطلبة البحث عن فوائد الكلسترول وتوثيق مصادر البحث.

التدريب الثاني
- **الدهون المشبعة:** هو حمض دهني تتكون فيه جميع ذرات الكربون مشبعة بالهيدروجين، لذا فإنها تحافظ على صلابتها.
- **السعرات الحرارية:** كمية الحرارة (الطاقة) الناتجة عن المادة الغذائية وتقاس بكمية الحرارة الضرورية لرفع درجة حرارة جرام واحد من الماء بمقدار درجة واحدة.
- **الهرم الغذائي:** مخطط هرمي الشكل يوضح كمية وأنواع المواد الغذائية التي يحتاجها جسم الإنسان.
- **الكوليسترول:** مادة دهنية شمعية أساسية في تكوين أغشية الخلايا في جميع أنسجة الكائنات الحية.
- **التوترات العصبية:** حالة خوف غير محدد مع توتر شديد وتوقعات تشاؤمية.
- **السمنة:** تراكم الدهون الزائدة في الجسم إلى درجةٍ تسبب وقوع آثارٍ سلبيةٍ في الصحة.
- **الاكتئاب:** حالة من الشعور بالقلق والحزن والتشاؤم والذنب مع انعدام وجود هدف في الحياة.
- **خدمات الرعاية الصحية:** مجموع الخدمات والمؤسسات العامة التي توفرها الدولة للعناية بصحة مواطنيها.

التدريب الثالث
- اطلب من الطلبة أن يجيبوا عن أسئلة النص باستخدام لغتهم الخاصة.
1. ذوي الاحتياجات الخاصة
2. إجابات متعددة مثل، الدمج... الخ
3. نفسيًا وبدنيًا
4. يطلب المعلم البحث عن قصص نجاح وعرضها
5. يشجع المعلم الطلبة على استخدام قواعد التلخيص التي وردت في صفحة 31.

- قم بتذكير الطلبة بقواعد التلخيص من الوحدة السابقة، واستخدم سلم التقدير اللفظي المذكور سابقًا.

القواعد
معظم المعلومات ستكون بمثابة مراجعة بعض الطلبة، لذا يجب التأكد من شرح بعض الأساسيات لمن يحتاجها من الطلبة، مثل الأفعال اللازمة والمتعدية والمصدر المؤول.

Cambridge IGCSE Arabic as a First Language

يبين المعلم للطلبة ما يلي:

- إذا سبق الفعل فاعله فإنه لا يثنى ولا يجمع إلا في في **(لغة أكلوني البراغيث)**، وفيها تلحق الفعل علامة التثنية وهي الألف، و علامة الجمع وهي الواو، والنون إن كان جمع مؤنث. فنقول (حضرا الرجلان، وحضروا الرجال، وحضرن الفتيات). (للمعلم خيار الشرح المناسب لمستوى الطلبة)
- **المؤنث الحقيقي:** هو ما دل على الأنثى من الناس، أو الحيوان، أو الطير، وهو كل ما يلد، أو يبيض.

  مثال: عائشة، ورقية، وناقة، وبطة، وبقرة...
- المؤنث المجازي:

  هو أسماء الجمادات التي تعامل معاملة الأنثى، أي كل ما لا يبيض، أو يلد، مثل: أرض، وشمس، وعين، وبئر...
- المصدر المؤول: هو ما يؤول من أنْ والفعل المضارع أو ما والفعل الماضي أو أنَّ ومعموليها بالمصدر الصريح.

  الفرق بين المصدر الصريح والمصدر المؤول:

  المصدر الصريح يؤخذ من لفظ الفعل ويذكر في الكلام بلفظه، أما المصدر المؤول فلا يذكر بلفظه في الكلام. المصدر الصريح مثال حضر، حضورًا. المصدر المؤول: مثال أريدُ أن أفعل المعروف.

  أمثلة:

  1) أنْ والفعل المضارع: مثل: عليه أن يقول الحقّ.
  2) ما والفعل الماضي: مثل: ما قلت إلا الحقَّ.
  3) أنَّ ومعموليها: مثل: علمت أنك مسافر غدًا والتقدير: سفرك.
- أنواع الفعل المعتل:

  1) الفعل المثال: الفعل معتل الحرف الأول، مثال: ورث، وقف، وظف.
  2) الفعل الأجوف: الفعل معتل الوسط، مثال: قال، رام، باع
  3) الفعل الناقص: الفعل معتل الحرف الأخير، مثال: مضى، دعا، جرى.
  4) اللفيف: الفعل الذي يحتوي على حرفي علة:

     أ. لفيف مقرون، مثال: حوى، طوى، لوى

     ب. لفيف مفروق، نحو: وعى، ولي

التدريب الرابع

الأفعال المبنية للمجهول: بُنِيَ، افتتح، تحفظ، عوقبت، يراق، يعمَر.

نائب الفاعل: المصنع، المعرض، المعلومات، ضمير مستتر تقديره هي، الدم، ضمير مستتر تقديره هو.

الأفعال المبنية للمعلوم: قدم، طور، قال، تدر، تسلم، رأيت، تصب، تمت، تخطئ، يهرم.

الفاعل: الطلاب، العلماء، إبراهيم، المتنبي، زهير، تدر، الفاعل ضمير مستتر تقديره هي، الشرف، التاء، ضمير مستتر، ضمير مستتر، ضمير مستتر.

التدريب الخامس

1 الهمزة مكسورة، على نبرة.

2 الهمزة مفتوحة وما قبلها مفتوح، على ألف.

3 الهمزة مفتوحة وما قبلها ساكن، على ألف.

4 الهمزة مكسورة، على نبرة.

5 الهمزة مكسورة،على نبرة.

6 الهمزة مكسورة، على نبرة.

7 الهمزة مكسورة وما قبلها ياء ساكنة، على نبرة.

8 الهمزة مضمومة وما قبلها غير مكسور، على واو.

9 الهمزة مفتوحة وسبقتها ألف ساكنة، على السطر.

10 الهمزة مكسورة، على نبرة، الهمزة مفتوحة وسبقتها ألف ساكنة، على السطر.

التدريب السادس

- يقدم المعلم ملاحظات لتحسين أعمال الطلبة الكتابية. يمكن للمعلم الاستعانة بمعلم العلوم لمساعدة الطلبة في بناء خطة غذائية ورياضية لتحسين صحتهم والمحافظة عليها

التدريب السابع

تابع الطلبة وتأكد من قيامهم بالكتابة اليومية. أعط ملاحظات تفيد الطلبة عند تقييم أعمالهم.

التدريب الثامن

قسم الطلاب إلى مجموعات وساعدهم في عمل نموذج استبيان، ووجههم لسؤال زملائهم في المدرسة عن الأغذية السريعة والغذاء الصحي.

التدريب التاسع

ناقش الموضوع "الوجبات الصحية لا يمكن أن تكون لذيذة" مع الطلبة، واطلب منهم استخدام اللغة العربية السليمة. تأكد من مشاركة الجميع واطلب من الطلبة احترام الرأي الآخر.

إجابات كتاب التدريبات:

التدريب الأول

1 الكوليسترول **2** الهرم الغذائي **3** السمنة **4** السعرات الحرارية **5** الدهون المشبعة

التدريب الثاني

استخدم النص مرجعا. تأكد من أن الطلبة يستخدمون كلماتهم الخاصة ولا ينقلون نقلا حرفيًا من النص.

التدريب الثالث

1 يتناولُ، **2** الناسُ، **3** الجسمُ، **4** تُقامُ

التدريب الرابع

1 تُحضَّر الأطعمةُ الصحيةُ.

2 تُضاف الصحة والقوة للجسم.

3 أُجرِيت أبحاثٌ عن خطورة الوجبات السريعة.

4 أُعيد التدريب مراتٍ عديدة.

5 تُعطَى إشارة البدء.

التدريب الخامس
1. شاهدت العائلةُ المباراة.
2. يشرح المعلمُ الدرس بأسلوب بسيط.
3. يعيد العمالُ بناء البيوت المهدمة بعد الزلزال.

التدريب السادس
1. **أن تنظم**: نائب فاعل، **إدارة**: فاعل، **قسم**: فاعل، **هذا**: فاعل، فاعل يهم ضمير مستتر تقديره هو، **النشرات**: نائب فاعل، فاعل تبين ضمير مستتر تقديره هي، **معلومات**: نائب فاعل، **التأكيد**: فاعل، **المعلومات**: نائب فاعل **الاستفسارات**: نائب فاعل.
2. (**نا** الفاعلين في انطلقنا) فاعل، ضمير مستتر تقديره هو في الفعل أخرْنا.
3. أن **تهمل**: فاعل.

التدريب السابع
1. أخلص   2. خالدٌ   3. جفت

التدريب الثامن
1. مؤيد: ما قبل الهمزة مضموم وهي مفتوحة فتكتب عٰى واو، مطمئن: الهمزة مكسورة، على نبرة.
2. تشمئز: الهمزة مكسورة، على نبرة.
3. أفئدة: الهمزة مكسورة، على نبرة، خزائن: الهمزة مكسورة على نبرة

4. مسألة: الهمزة مفتوحة وما قبلها ساكن على ألف.
5. ساءني: الهمزة مفتوحة وسبقت بألف ساكنة، فتكتب على السطر.

> التمارين التالية: احرص على أن يقوم الطلبة بحل جميع التمرين وزودهم بما يلزم من ملاحظات لتحسين أدائهم.

التدريب التاسع
اطلب من الطلبة أن يقوموا بإكمال مذكرات اللاعب على أن يلتزموا بأسلوب كتابة المذكرات، يمكنك أن تجعلهم يكتبون مذكرات لاعب لم يتمكن من الفوز.

التدريب العاشر
اطلب من الطلبة أن يكتبوا وصفة بلغتهم الخاصة.

التدريب الحادي عشر
ليبحث الطلبة عن أطعمة عربية غريبة وليتحدث بعضهم عنها، ثم يكتبوا بلغتهم، تأكد من عدم نقل المعلومات.

الفصل الثاني
الوحدة الثالثة ـ التدخين قاتل وعدو الملايين

أهداف الوحدة
مع نهاية هذه الوحدة، يحقق معظم الطلاب ما يلي:

- قراءة موضوعات عن العادات الصحية السيئة مثل التدخين وأضراره.
- تحديد الأفكار الرئيسة لنصوص مختلفة.
- توظيف المفردات المستخدمة في النص في جمل من إنشائهم.
- التعرف على الأفعال المتعدية إلى مفعولين، والمفعول به.
- التعرف على الجناس.
- ممارسة مهارة التلخيص.
- التعرف على مهارات السرد والوصف.

نشاط تمهيدي:
ابدأ الدرس بعرض فيديو يتحدث عن التدخين وأضراره، ثم اسأل الطلاب أسئلة التمهيد المدرجة في كتاب الطالب. افسح المجال للطلبة لمناقشة أضرار التدخين والتعرف على آثاره السلبية.

- اطلب من الطلبة أن يقرأوا النص قراءة صامتة ثم اطلب من البعض أن يقرأوا النص قراءة جهرية.
- ناقش النص واستعن بأسئلة الكتاب لتسيير النقاش.
- ناقش الطلبة في معاني المفردات الصعبة، واطلب منهم أن يعبروا عنها بلغتهم الخاصة.
- شجع الطلبة على تدوين معاني المفردات في دفتر المعاني الخاص بمراجعة الدروس.

القواعد
- قد يحتاج بعض الطلاب إلى تذكيرهم بالأفعال اللازمة والمتعدية لذا فإنه يُفضل أن تبدأ بشرح سريع بهدف تذكيرهم بها.
- يمكن لبعض الطلبة أن يأتوا بجمل يتقدم فيها المفعول به على الفاعل، لذا من المستحسن الإشارة إلى حالات تقديم <u>المفعول به</u> على الفاعل ومنها:
  - إذا عاد على المفعول به ضمير متصل بالفاعل، مثل: يرعى <u>الطفلَ أمهُ</u>
  - إذا كان المفعول به ضميرًا متصلًا والفاعل اسمًا ظاهرًا، مثل: أخبرني <u>سعيدٌ</u>
  - إذا كان الفاعل محصورًا بـ إلا، مثال: ما رفع <u>الإنسانَ</u> إلا العلمُ
- قم بشرح الأمثلة المذكورة في الكتاب واطلب من الطلاب أن يأتوا بأمثلة مشابهة، وشجعهم على استخدام موضوع النص.

البلاغة
بعد الانتهاء من شرح الدرس، اطلب من الطلاب أن يبحثوا عن أمثلة أخرى من الشعر أو النثر القديم والحديث في الجناس وأن يحددوا نوع كل منها.

إجابات كتاب الطالب:

التدريب الأول
1. التشوهات الخلقية لدى الجنين، والموت داخل الرحم، ومشاكل الحمل...
2. الإصابة بالأمراض الصدرية.
3. استنشاق غير المدخنين الدخان المنبعث من قبل المدخنين.
4. تشجيع الأقران لبعضهم على التدخين وتقليد الوالدين.
5. تقليد الكبار وضغط الأقران.
6. تأثيرات على أجهزة الجسم المختلفة مثل الأسنان وغيرها.

التدريب الثاني
التدخين السلبي: استنشاق الدخان المنبعث من منتجات التدخين التي يستخدمها الآخرون. يُطلق عليه أيضًا الدخان غير المباشر.

النيكوتين: مادّة سامّة عديمة اللّون تُستخرج من أوراق التّبغ، ويدمنه المدخّنون.

التدريب الثالث
شجع الطلبة على مناقشة مسؤولياتهم اتجاه محاربة التدخين مع توضيح أهمية مساهمة الأفراد في حل هذه المشكلة.

اطلب من الطلبة تكوين مجموعتين، الأولى تؤيد حرية المدخن في التدخين أينما شاء والثانية تؤيد العكس واطلب منهم القيام بمناظرة تدافع عن وجهات النظر المختلفة مع تذكيرهم بأهمية احترام الرأي الآخر.

التدريب الرابع
اطلب من الطلبة أن يبحثوا في الموضعين المذكورين وكتابة فقرة تتكون من 100-150 كلمة في كل موضوع.

التدريب الخامس
الأفعال التي تنصب مفعولًا واحدًا: ترك
الأفعال التي تنصب مفعولين: وجد، ظن، منح، اتخذ، اجعل، علم
الأفعال التي تنصب ثلاثة مفاعيل: نبّأ

التدريب السادس

1 السنا، السنابل (جناس ناقص)
2 محمود، محمود (جناس تام)
3 الرأس، الكأس (جناس ناقص)
4 الصالح، الطالح (جناس ناقص)
5 منازل، منازل (جناس تام)

وجّه الطلبة إلى البحث عن معاني الكلمات.

الكتابة

استخدم المثال الموجود في كتاب الطالب لتوضيح دقة تصوير المشهد وقدرتنا على أن نتخيله دون أن نراه.

اطلب من بعض الطلبة وصفا لمشهد لزملائهم بلغتهم الخاصة أو عن طريق تمثيل المشهد.

التدريب السابع

1 سرطان الرئة والحنجرة والبروستاتا، وارتفاع الضغط، وغير ذلك من الأمراض...
2 نعم/ لا/... يقبل المعلم الإجابات المختلفة مع التعليل.
3 نشر الوعي..../ يقبل المعلم الإجابات المختلفة مع التعليل.
4 يطلب المعلم استخدام أسلوب الوصف. يقبل جميع الإجابات إذا كانت الجمل صحيحة. آراء مختلفة.

التدريب الثامن

قم بتقييم أعمال الطلبة ولا تنس تقديم ملاحظات للطلبة حتى يتسنى تطوير أعمالهم. من الضروري جدًا أن توضح للطلبة أسباب الضعف وتقديم النصيحة لهم حول كيفية علاجه.

التدريب التاسع

- يشجع المعلم الطلبة على البحث عن شعراء المعلقات ويمكن له تخيير الطلبة بطريقة عرض نتائج البحث. يجب تذكير الطلبة بضرورة توثيق معلوماتهم واستخدام لغتهم الخاصة عند كتابة البحث.

إجابات كتاب التدريبات:

التدريب الأول

1 يقبل المعلم جميع الآراء المؤيدة والمعارضة، ويطلب المعلم من الطلبة تعليل إجاباتهم وربطها بآثار التدخين الضارة في المدخّن إذ إنه الأكثر تضرُّرًا نتيجة هذا القرار.
2 يناقش المعلم جميع الأسباب المذكورة في النص ويطلب من الطلبة تعليلها. يطلب المعلم من الطلبة إبداء آرائهم الخاصة في الأسباب المذكورة ومدى قوتها في الإقناع.
3 يمكن للمعلم أن يقسم الصف إلى مجموعتين أو أكثر، ويطلب من كل مجموعة أن تأتي بثلاث طرق مختلفة لمقاومة تأثير الأقران ونتائجها. ثم يطلب من كل فريق عرض الطرق التي توصلوا إليها."

التدريب الثاني

قم بتقييم العرض التقديمي بناء على سُلّم تقدير لفظي تتفق فيه مع الطلاب على مقومات العرض الناجح. من المهم جدًا أن يشترك الطلاب في تصميم هذا السلم.

استخدم المعايير الآتية: الحركة والصوت والتواصل البصري مع الجمهور ولغة الجسد ودقة المحتوى وتصميم الشرائح والتنقل بين الشرائح وسلامة اللغة وشمول العرض جوانب الموضوع.

التدريب الثالث

1 (فعل متعد إلى مفعولين)
2 (فعل لازم)
3 (فعل متعد إلى مفعولين)
4 (فعل متعد إلى مفعول واحد)
5 (فعل متعد إلى مفعولين) أكد للطلبة أن "جعل" يجب أن تكون بمعنى التحويل والصيرورة من حال إلى حال
6 (فعل متعد إلى ثلاثة مفاعيل)

التدريب الرابع

1

أ. أعطى، تجد
ب. انظر، تجدّ، تفرح
ج. اسمع، يداعب

2 الفاعل في جملة: أعطاك الله – أيها الإنسان – نفسًا عجيبةً: لفظ الجلالة الله.

التدريب الخامس

1 صيّر النجّار **الخشبَ طاولةً**.
2 رأيت **الطفل** الصغيرَ باكيًا.
3 وجدتُ **التاريخَ** العربي **عظيمًا**.
4 أعطى الرجلُ **الفقراءَ مالًا**.
5 علّم العصفورُ **صغيره الطيرانَ**.
6 أنبأت المعلمة **الطلاب المديرة قادمة**.

التدريب السادس

- يقبل المعلم الجمل الصحيحة ويطلب منهم تصحيح الجمل الخاطئة مع التعليل. يمكن الرجوع إلى الأمثلة الموجودة في كتاب الطالب.

التدريب السابع

الطبيعة مفعول به أول ونضرة مفعول به ثانٍ.

التدريب الثامن

1 يحيا ويحيى (جناس تام)
2 ضنينا، ضنينا (جناس تام)
3 عودي، عودي (جناس تام)

4. عقوقٍ، حقوقٍ (جناس ناقص)
5. مَغَارِمَ، مَغَانِمُ (جناس ناقص)
6. عالِمٌ، معالِمُ (جناس ناقص)
7. دارِهم، دارِهم وأرضِهم، أرضهم (جناس تام)

التدريب التاسع
تأكد من استخدام الطلبة لأسلوب الوصف في القصة.

التدريبان العاشر والحادي عشر
يقسم المعلم الطلبة في مجموعات لمناقشة فكرة الموضوع وربطه بطرق الوقاية لتجنب التدخين، يستمع المعلم إلى بعض الجمل الوصفية للطلبة، ويوجههم لاستخدام الجناس.

إجابات نموذج على غرار الامتحان

الورقة 1 القراءة

1. القيام بتصرفات حسنة تنم عن حسن خلق وخصوصًا القدوة لملايين البشر الذين يتابعونهم ويتعلقون بهم وخصوصا فئة الشباب.

2.
   - تبادل الألفاظ النابية بين بعض الجماهير.
   - نزول بعض الجماهير إلى أرض الملعب.
   - إعاقة بعض الجماهير الحركة المرورية.
   - كتابة عبارات لا تليق بالرياضة على المرافق العامة والمساكن.

3.
   - يؤثر ذلك إيجابيًّا في المتابعين والمشجعين.
   - تجسيد الأخلاق الرياضية والروح الجميلة عند الفوز أو الخسارة.
   - عدم التشكيك وذم الحكام والمسؤولين.
   - الرياضة: بذل مجهود جسدي لممارسة مهارة وفق قواعد معينة ضمن فريق بهدف التنافس الشريف.
   - الروح الرياضية: تقبُّل الفوز أو الهزيمة، فلا يثير الفوز غرورهم ولا تثيرهم الخسارة وتدفعهم إلى تصرفات سيئة تعكس صورة سلبية عن الرياضة.
   - التعصب الرياضي: الميل والانحياز إلى تشجيع فريق واحد وعدم تقبل خسارته مما يولد مشاجرات وخلافات وتبادل ألفاظ سيئة بين الجماهير.

- شارك وناقش المعايير المستخدمة في تقييم كتابة النص الوصفي مع الطلبة.

الورقة 2 الكتابة

معيار تقييم كتابة النص الوصفي (25 درجة)

اللغة	الدرجة	✓	المحتوى	الدرجة	✓
- استخدام جمل بسيطة ومركبة بطلاقة **دائمًا**. - استخدام مفردات **دقيقة ومؤثرة ومتنوعة وفعالة بشكل دائم**، تعكس فحوى النص وتجذب اهتمام القارئ. - الجمل دقيقة نحويًا وإملائيًا مع استخدام علامات الترقيم بشكل صحيح.	11-12		- هناك جهد متميز لوصف الشعور العام والمشاعر ومزاج الشخصيات من خلال وصف الأماكن والأشياء. - الجمل معبرة عن الجو السائد والأحاسيس من خلال استخدام علامات الترقيم والتركيز على الوصف عوضًا عن السرد وعدم تكرار الجمل.	11-13	
- استخدام جمل بسيطة ومركبة بطلاقة **في معظم الأحيان**. - استخدام مفردات **دقيقة ومؤثرة ومتنوعة**، تعكس فحوى النص وتجذب اهتمام القارئ. - الجمل دقيقة نحويًا وقد يكون هناك بعض الأخطاء الإملائية وبعض الأخطاء في استخدام علامات الترقيم.	9-10		- هناك مجموعة من التفاصيل والمعلومات المثيرة للاهتمام. - الجمل معبرة عن الجو السائد بشكل عام من خلال استخدام علامات الترقيم والتركيز على الوصف الدقيق في معظم الأحيان. قد تتكرر بعض الجمل.	9-10	
- استخدام جمل بسيطة ومركبة بطلاقة **في بعض الأحيان**. - استخدام مفردات **دقيقة** تعكس فحوى النص وتجذب اهتمام القارئ. - الأخطاء النحوية والإملائية قليلة جدًا في الجمل المركبة **وبعض** الأخطاء في استخدام علامات الترقيم التي لا تعيق فهم الجمل.	7-8		- هناك جهد واضح لوصف تفاصيل **عديدة** وأفكار متعلقة بالسؤال. - بعض الجمل تصف الجو السائد وهناك وصف قد لا يكون مترابطًا بشكل مستمر ولكنه واضح. هناك أيضًا استخدام جيد للفقرات وعلامات الترقيم. الجمل واضحة وغير متكررة.	7-8	
- الجمل بسيطة جدًا وفيها بعض التفاصيل مع وجود محاولات لاستخدام جمل مركبة. - استخدام مفردات **عامة** تعكس فحوى النص. - **بعض** الأخطاء النحوية والإملائية **وبعض** الأخطاء في استخدام علامات الترقيم.	5-6		- هناك جهد أكبر لكتابة تفاصيل لها علاقة بالسؤال. ولكن التركيز غالب على وصف الأحداث والأشخاص والاقتراب من السرد لا الوصف (راجع الفرق بين النص الوصفي والسردي في كتاب الطالب). - بعض الجمل تعكس الجو السائد والمشاعر والجمل مترابطة في بعض الأحيان وقد يسودها الغموض، بسبب قلة وصف التفاصيل. قد تكون بعض الجمل غير واضحة أو متكررة.	5-6	
- الجمل بسيطة جدًا وفيها بعض التفاصيل. - استخدام مفردات **بسيطة**. - **العديد من** الأخطاء النحوية والإملائية وسوء استخدام علامات الترقيم.	3-4		- بعض المحتوى مرتبط بتفاصيل السؤال ولكن التفاصيل ما زالت مفقودة. - تركيب الجمل والنص يفتقدان إلى عناصر النص الوصفي مثل وجود الشخصيات والمكان والزمن وغيرها.	3-4	
- الجمل بسيطة وغير واضحة المفردات. - استخدام مفردات **محدودة**. - **مليء** بالأخطاء النحوية والإملائية وسوء استخدام علامات الترقيم.	1-2		- القليل من المعلومات فقط تدل على متطلبات السؤال ولكن باقي النص غير واضح. - هناك أمثلة قليلة جدًا لجمل مترابطة. النص بشكل عام غير واضح أو مترابط.	1-2	
- الجمل غير مفهومة المعنى. - **مليء بشكل تام** بالأخطاء النحوية والإملائية وسوء استخدام علامات الترقيم.	0		المحتوى ليس له علاقة بمتطلبات السؤال.	0	
الدرجة النهائية:					

الفصل الثالث
الوحدة الأولى - المهرجانات العربية

أهداف الوحدة
مع نهاية هذه الوحدة، يحقق معظم الطلاب ما يلي:

- التعرف على معاني الكلمات من خلال سياق استخدامها وتوظيفها عند الكتابة.
- تحديد الموضوعات في النص وتحليل وتقييم ما هو مهم لأغراض محددة.
- فهم وشرح ومقارنة المعاني الضمنية في النص.
- فهم تركيب المفعول المطلق وتوظيفه عند الكتابة.
- فهم الهمزة المتطرفة واستخدامها بشكل دقيق عند الكتابة.
- استخدام مجموعة من الأساليب اللغوية عند كتابة الرسائل الإلكترونية.
- كتابة رسالة إلكترونية مترابطة.

نشاط تمهيدي:

يهدف هذا النشاط إلى تهيئة الطالب للدرس وتحفيزه على اختبار معرفته العامة حول أنواع المهرجانات في بلده والبلدان الأخرى، والتعرف على معلومات إضافية من خلال المناقشة مع الآخرين.

1 المهرجانات في العالم العربي متعددة. انظر إلى الرموز في المُخطط وناقشها مع زميلك، ثمَّ اكتب نوعها كما في المثال. بعدها اقترح اسم مهرجان معروف في بلدك وآخر في بلد عربي واذكر نوعه.

2
- د=1
- ج=2
- ب=3
- هـ=4
- أ=5

إجابات كتاب الطالب:

التدريب الأول

يهدف هذا النشاط إلى تشجيع الطالب على قراءة النص لتكوين فكرة عنه، وفهم وجمع بعض المعاني الصريحة.

- اطلب من الطلاب قراءة النص بعناية والتركيز على العناصر الهامة في الرسائل الإلكترونية.
- يشجع المعلم الطلاب على استخدام المعجم للبحث عن المعاني الجديدة، معتمدًا على نفسه.

التدريب الثاني

يهدف هذا النشاط إلى تعزيز قدرة الطالب اللغوية في معرفة مرادفات الكلمات والتي ستساعده في فهم وشرح ومقارنة المعاني والمواقف الضمنية.

- سلط الضوء

> نشاط إضافي: اطلب وضع الكلمات في جمل بعد البحث عن مرادفاتها في وقت زمني محدد كتحدٍّ لبعض الطلبة.
> يمكن للمعلم أن يُظهر الإجابات على السبورة (IWB) ويشجع الطالب على التقييم الذاتي لإجاباته، كما يستمع إلى بعض الجمل ويطلب من باقي الطلبة تقييمها.

- أكثرها جَوْدَة
- قطيع من الخيل
- اللباس الرسمي
- تجسيد تفاصيل الخيول
- أزكى الأمنيات

التدريب الثالث

يهدف هذا النشاط إلى تعزيز قدرة الطالب على إعادة صياغة الجمل بأسلوبه الخاص، و فهم واستخدام مجموعة من المفردات المناسبة.

- يشجع المعلم الطلبة على البحث عن معاني بعض الكلمات في كل جملة، ومن ثم إعادة صياغة الجملة بأسلوبه الخاص دون أن تفقد معناها الأصلي.
- يحدد المعلم مدة زمنية لهذا النشاط كي يعتاد الطالب التفكير والإجابة في إطار زمني محدد.
- يطلب المعلم من كل طالب تبادل الإجابات مع زميله وإجراء تقييم له بكتابة النواحي التي أجاد فيها زميله والملاحظات التي يجب الانتباه إليها.
- يطلب المعلم من الطلبة قراءة نماذج أمام الصف وعمل تقييم جماعي. هنا يمكن للمعلم التعليق وإعطاء النصائح لتحسين أسلوب إعادة السرد.

مثال:
الجملة الأصلية: يشهد المهرجان قبولًا واسعًا من جميع أنحاء العالم.

المفردات:
يشهد: يحظى

> يشرح المعلم المعلومات حول كتابة الرسالة الإلكترونية ويمكن أن يطلب من الطلاب مقارنتها بالرسائل العادية ويسأل أيها أكثر عملية بالنسبة لهم ولماذا.
> من الضروري أن يذكر المعلم الطلاب بأهمية مراعاة التركيب الخاص بهذه الرسائل والتعود عليها كونها مهمة في المراسلات الرسمية.

قبولاً واسعاً: تلبية/استجابة شاسعة

جميع: كافة

أنحاء: أرجاء

إجابة ممكنة: يحظى المهرجان، ومن كافة أرجاء العالم بتلبية واستجابة شاسعة.

التدريب الرابع

يهدف هذا النشاط إلى تشجيع الطالب على تنظيم وعرض الأفكار والآراء.

> **الهمزة المتطرّفة**
> - اسأل الطلبة عن معنى عبارة الهمزة المتطرفة ولماذا سميت (متطرفة). (لأنها تكتب في طرف الكلمة الأخير)
> - ذكر الطلبة بأهميتها في الكتابة السليمة وتأثيره عند التقييم.
> - اطلب من الطلبة قراءة ما في الصندوق وتلخيصه شفويًا ثم مناقشته مع الفصل وطرح أي استفسار حوله.

- اطلب من الطالب أن يتخيل أنه فهد، وأن يكتب ردًّا منسبًا له ويبعثُ به إلى صديقه كمال.
- اطلب من بعض الطلبة قراءة الرد أمام الفصل.
- ذكر الطلبة باستعمال المعجم اللغوي قدر الإمكان لاستخدام صفاتٍ جديدة وإضافة أفكارٍ مختلفة.

التدريب الخامس

بدأ مهرجان الخيل يوم السبت الماضي في يوم مشمس **وهدئ ودافئ**. **فوجئ** الناس بالعروض المسليّة وكان **مليئا** بالفعاليات الهادفة. كما سلط **الضوء** على أنواع من الخيل التي كانت ترقص **بجدارة**، ومدربها كان **يجرؤ** على الرقص بجانبها. أعجبني هذا **الشيء** لأنه كان **مليئا** بالإبداع والإثارة.

> تهدف المعلومات في هذا الصندوق إلى إثراء المعلومات الثقافية لدى الطالب. يمكن للمعلم ان يسأل الطلبة عن أمثلة وتشبيهات أخرى حول التمر متداولة في بلدهم.

التدريب السادس

يهدف هذا النشاط إلى تشجيع الطالب على فهم و جمع بعض المعاني الصريحة، وفهم وشرح ومقارنة المعاني والمواقف الضمنية. كذلك يساعد هذا التدريب على تعزيز قدرة الطالب على إعادة صياغة الجمل بأسلوبه الخاص، و فهم واستخدام مجموعة من المفردات المناسبة و تلخيص الأفكار.

1

أ. وضيعة

ب. أسوأ

ج. كساد

د. إهمال

هـ. دولي

و. أَخْفَقَ

2 شجع الطلبة على اتباع الخطوات في التدريب الرابع وأن تكون الإجابة في نطاق زمني محدد.

> **المفعول المطلق**
> - اطلب من الطلبة قراءة المعلومات الخاصة بالموضوع والأمثلة والتعرف على أنواع المفعول المطلق.
> - اطلب من كل طالب تلخيص مفهوم المفعول المطلق لزميله ثم اطلب من أحد الطلبة تلخيصه أمام الفصل.
> - اسأل إن كان لدى الطلبة أي استفسار حول الموضوع.
> - ذكر الطلبة بأهمية استخدام المفعول المطلق في الكتابة وتأثيره الإيجابي في مستوى الكتابة.

التدريب السابع

1 فقد تعلقوا بها **تعلقًا شديدًا**

نوعه: بيان نوع الفعل

2 وكرّم العرب النخلة **تكريمًا** من خلال الشعر والفن

نوعه: لبيان عدد المرات

3 وعبروا عن هذه العلاقة **تعبيرًا**

نوعه: لتأكيد الفعل

إجابات كتاب التدريبات:

التدريب الأول

يهدف هذا النشاط إلى تهيئة الطالب للدرس وتحفيزه لاختبار معرفته العامة حول مهرجان الخالدية العربي للشعر الشعبي من خلال المناقشة مع الآخرين.

- اطلب من الطلبة التفكير في المواضيع التي سيتطرق إليها هذا النوع من النصوص؟
- اطلب منهم كتابة جميع الأفكار على ورقة.

التدريب الثاني

1 اطلب من الطلاب قراءة النص مرتين على الأقل.

2 اطلب من الطلاب استخدام المعجم للبحث عن الكلمات والتعابير غير المفهومة وكتابتها في الدفتر.

3 اطلب من الطلبة قراءة أكثر الكلمات غرابة بصوت عال أمام الصف.

> - القراءة المتكررة هي استراتيجية فعالة يمكن استخدامها حين يتفاوت مستوى الطلاقة في القراءة بين الطلبة، وتعمل بشكل أفضل حين تطبق على مجموعات صغيرة حيث يستمع الطلاب إلى بعضهم البعض.
> - استخدام المعجم لاستخراج كلمات بديلة وقراءتها أمام الصف سيثري رصيد الطلاب بالكثير من المترادفات.

التدريب الثالث

يهدف هذا التدريب إلى تشجيع الطالب على تقييم فهمه عن طريق مقارنة إجابته قبل قراءة النص وبعده.

1. اطلب من الطلاب تدوين ملاحظاتهم حول المقارنة بين التوقعات التي ذكروها في التدريب 1 ومحتوى النص، والنقاط المتشابهة بين إجاباتهم والنص، وإن كان المؤلف قد تطرق إلى أمور لم يذكروها في دفترهم.

2. اطلب من الطلاب تبادل بعض النقاط مع زملائهم في الفصل.

التدريب الرابع

1 (هـ)   2 (ب)   3 (د)   4 (أ)   5 (ج)

التدريب الخامس

(اقبل كلمات أخرى لها نفس المعنى)

طابع: صفة

وصلة تراثية: قطعة تراثية

مدار: طول (طوال)

تعزيز: تقوية

استقطاب: جذب

النبطي: المنظوم بلهجات الجزيرة العربية وما جاورها

النعرات: الكِبر والخُيلاء والعصبية

تضاهي: تشابه

التدريب السادس

أ. اقبل إجابات متنوعة إذا كانت توافق المطلوب، مثال: إجراء، الضوء، مليء...

ب. أشياءُ، شواطئ، أخطاء، أعْبَاءٌ، أضواءٌ

التدريب السابع

1
- يتفاعل الجمهور عادةً تفاعلًا إيجابيًا (بيان نوع الفعل)
- يمثل الحياة الشعبية والبدوية تمثيلًا (لتوكيد الفعل)
- يقرأ الشعراء قراءات شعرية (بيان نوع الفعل)

2
- أتقن العامل مسؤولياته إتقانًا
- دعا سالم أصدقاءه دعوة... (اقبل إجابات متنوعة تبين نوع الفعل)
- ضحك فهد ضحكًا... (اقبل إجابات متنوعة تبين نوع الفعل)
- نظرت مريم إلى الصورة نظرتين أو... (اقبل إجابات متنوعة تبين عدد مرات الفعل)
- يقبل عمار على عمل الخير إقبالًا
- احتفل الفريق بفوزه احتفالات (اقبل إجابات متنوعة تبين عدد مرات الفعل)

3

اقبل إجابات متنوعة وشجع استخدام الأنواع المختلفة من المفعول المطلق والمفردات اللغوية.

التدريب الثامن

اطلب من كل طالب مراجعة كتابة الرسالة الإلكترونية في كتاب الطالب، ثم استخدام التفاصيل في رسالة خاصة به.

التدريب التاسع

اطلب من الطلبة تطبيق ما ذكر عن التلخيص وذكرهم بأهمية استخدام أدوات الوصل والربط، مثلا: تلخيصًا للموضوع، لأن، تباعًا، أولًا وأحيانًا، بالتأكيد ومن ناحية أخرى، و، لكن، بينما، على غير، بالرغم من ...إلخ. والتي يختار من بينها الطالب ما يصلح لربط الجملة بجملة أخرى تليها.

قم بتقييم أعمال الطلبة وزودهم بملاحظات بناءة تساعدهم على تحسين كتابتهم و لا تنس استعمال معايير التلخيص الموضحة سابقًا.

الفصل الثالث
الوحدة الثانية - سائح في بلاد العرب

أهداف الوحدة
مع نهاية هذه الوحدة، يحقق معظم الطلاب ما يلي:

- قراءة النص قراءة جهرية بتركيز.
- التعرف على عادات بعض الدول في تناول الأطعمة والمناسبات.
- شرح المعاني والمفردات وتوظيفها في كتاباتهم.
- التعرف على إحدى تجارب الطهاة.
- تأليف وصفة طعام.
- التعرف على المفعول لأجله وأحكامه.
- التعرف على السجع وتحديد مواضعه، وتوظيفه.
- قراءة نص من نصوص الثقافة والتاريخ العربي.
- كتابة وصف لبلد عربي.

نشاط تمهيدي:

ابدأ الدرس بسؤال الطلبة عن أجمل مكان قاموا بزيارته ثم اسألهم عن الأسباب التي جعلت هذا المكان الأفضل في نظرهم.
اسأل الطلاب أسئلة التمهيد المدرجة في كتاب الطالب. افسح المجال للطلبة لمناقشة أهم الميزات التي تميز المكان المفضل بالنسبة لهم، ثم اسأل عن الطعم وأنواعه في ذلك المكان وما هو المميز فيه.

1. اطلب من الطلبة أن يقرأوا النص قراءة صامتة ثم اطلب من البعض أن يقرأوا النص قراءة جهرية.
2. ناقش النص واستعن بأسئلة الكتاب لتسيير النقاش.
3. ناقش الطلبة في معاني المفردات الصعبة، واطلب منهم أن يعبروا عنها بلغتهم الخاصة.
4. تستخدم الدول العربية كلمات الحليب واللبن (في مصر مثلًا) للدلالة على ما يشرب من الحليب، واللبن الرائب أو الزبادي للدلالة على ما يؤكل أو يشرب (شراب اللبن).
5. شجع الطلبة على تدوين معاني المفردات على دفتر المعاني الخاص بمراجعة الدروس.

إجابات كتاب الطالب:

التدريب الأول

6. تَحقيقًا لحلمه بزيارة عدة دول، تلبية لدعوة الأصدقاء. الدول التي زارها الأردن، سورية ...
7. الرجوع إلى الفقرة الثانية.
8. مشروب ساخن من فئة المنبهات. سورية.
9. يطلب المعلم من الطلبة البحث عن العادات الرمضانية في سورية مع التوثيق.
10. كعب الغزال، الطاجين...
11. الفقرة التي تلي الصورة في صفحة 58.

التدريب الثاني

المنسف: نوع من الطعام تشتهر به بلاد الشام، خاصة الأردن فهو الطبق الوطني.

الشراك: خبز رقيق جدًا ذو شكل دائري كبير الحجم ويستخدم في المنسف والمسخن والشاورما ويسمى خبز الصاج.

الجميد: كرات من اللبن المجفف المملح بعد تخثيره وتصفيته من الماء.

الشاي الصحراوي: هو شاي أخضر ويسمى (أتاي) ويشتهر عند الصحراويين في شمال إفريقيا، ويتميز بطريقة خاصة في التحضير والتقديم.

الطواجين: من أشهر الأطباق التقليديّة في المغرب، يتمّ تحضيرها عادةً لعدّة ساعات على نار هادئة بأكثر من طريقة وبمكونات مختلفة.

بلح الشام: هي حلوى مقرمشة سورية تشبه البلح في شكلها، حيث تشكل العجينة وتسقى بالقطر.

الزمزمية: وعاء مغطى لحفظ الماء بداخله.

الولائم: جمع وليمة وهي كل طعام يتخذ لجمع من الناس أو لدعوة أو فرح.

هودج: حمل له قُبّة يُوضع على ظهر الجمل لتركب فيه النساء.

التدريب الثالث

1. حب مهنة الطهي، تشجيع الأقارب، ...
2. المنافسة القوية، توفير المواد الأساسية...
3. يشجع المعلم على البحث والكتابة عن تجربة طاهٍ عربي.
4. آراء متعددة

التدريب الرابع

قم بتقييم أعمال الطلبة حسب معايير واضحة. لا تنس أن تقدم ملاحظات تفيد الطلبة في كيفية تحسين كتابتهم ولا تنس أيضًا مشاركتهم معايير الكتابة الوصفية.

القواعد

ذكر الطلبة بالمصدر القلبي وهو ما كان مصدرًا لفعل من الأفعال التي محلها القلب والشعور مثل (المحبة، الكره، الخوف، الإجلال، الاحترام، الحياء، الجرأة، الرغبة والرهبة...) وضرورة التفريق بينه وبين المصدر الحسي. المصدر الحسي: ما كان مصدرًا لفعل من الأفعال دلالة على حس خارجي مثل (الشرب، الأكل، النوم،...)

التدريب الخامس

أ. رغبة/احترامًا/شفقة أو مرضاة لله/وقاية/استجمامًا
ب. إجابات متنوعة
ج. خشية/حبًّا/ترفعًا/تجديدًا/رغبة/تكر/تقديرًا/ ترويحًا/رجاءً/وقايةً.

التدريب السادس

نصره، قدره، بعقله، بعدله/بالشكر العذر، تكبر، تكدر/تخلف، تكلف/مهنة، محنة/تغر، تضر/عمى، شقا/عاقل، جاهل/بالشكر، بالوتر.

التدريب السابع

قم بعرض مقاطع فيديو أو صور لأسواق وأطعمة بلد عربي، ثم ناقش الطلبة في أسباب هذا التنوع. هنا يمكن الإشارة إلى اختلاف المناخ وأنواع النباتات التي تنمو في كل منطقة واختلاف نمط الحياة في كل منطقة، مثلا تستخدم منتجات الألبان في الأطعمة عند أهل البادية لاعتمادهم على المنتجات الحيوانية وهكذا.

التدريب الثامن

ذكر الطلبة بضرورة استخدام كلماتهم الخاصة لكتابة النص وعدم النقل الحرفي من الشبكة العنكبوتية. ناقشهم في أهمية الأمانة العلمية من الناحية الأخلاقية والقانونية. اسأل الطلبة عن معنى الملكية الفكرية.

إجابات كتاب التدريبات:

التدريب الأول

آراء ووجهات نظر مختلفة، يمكن للمعلم أن يناقش الطلبة من خلال طرح أسئلة عصف ذهني. يقوم المعلم بالتحضير للنشاط 2 بمشاركة الطلبة.

التدريب الثاني

يناقش المعلم الطلبة ويطرح الأسئلة ويستمع إلى الطلبة. ثم يقوم بتقييم أعمال الطلبة حسب معايير واضحة وتقديم ملاحظات تفيد الطلبة في كيفية تحسين كتابتهم بأسلوب السرد.

التدريب الثالث

1 مخافة   2 حياء   3 إجلال   4 التماسا   5 هوانا

التدريب الرابع

- يقبل المعلم الجمل الصحيحة ويطلب من الطلبة تصحيح الجمل الخاطئة مع التعليل. يمكن الرجوع إلى الأمثلة الموجودة في كتاب الطالب.

التدريب الخامس

- يحرص المجتمع الأردني على الأكلات الشعبية حفاظا على الماضي وحرصا على التمسك بالموروثات، فمن الجميل في هذا المجتمع تمسكه بالتقاليد مهما تطورت الحياة، ففي الأعراس والمناسبات المختلفة نجد حضورًا للأكلات الشعبية إحياءً لهذا الموروث، كما يحرص المجتمع الأردني على إقامة المهرجانات الخاصة بالمأكولات تخليدًا لها وإبقاء لأثرها في الجيل الجديد، ونجد في الأردن عروضا للطهي في البرامج المختلفة واستضافة الجدّات اللواتي يحرصن على طهي المأكولات الشعبية حبًا في الحفاظ على التراث.

التدريب السادس

1 داء، دواء   2 شكره، أجره
3 عياني، يراني، مغارة، غرارة، نعليه، رجليه، عليه، سميذ، حنيذ، نبيذ
4 النجاد، العماد   5 رشدي، يدي، ثمدي، زندي

التدريب السابع

- يساعد المعلم الطلبة على تحسين أعمالهم الكتابية وذلك بمراجعتها وتقديم الملاحظات المناسبة وإعطائهم فرصة للتعديل.

التدريب الثامن

أ. وصف الخبز: يصف لنا أرغفة الخبز التي تكون حاضرة في كل الظروف وتقدم للضيوف في كل وقت، خاصة الذين يأتون للزيارة دون سابق موعد. ويشبه أرغفة الخبز بوجه أهل الجنة في الوضاءة وكأن أرغفة الخبز عندما تخرج من التنور، يكون لها وجهان أحدهما لأهل الجنة والثاني لأهل النار، فهو يصف جهة أهل الجنة بالوضاءة والإشراق والجمال والبهجة ويصفها أيضاً بأنها مبتسمة سعيدة، ولكنه ما يلبث أن يذكرنا بالغصة الموجودة في قلبه من شدة معاناته وتوالي خيباته في الحياة، فهو من الناحية النفسية أسير أحلامه التي لا تتحقق وأسير حاجته التي لا تلبى.

وصف الخباز: ويصف آلية عمل الخباز، ويمتاز وصفه هذا بالدقة فينقل لنا صورة حية تعج بالحركة، فهو لن ينسى مشهد الخباز الذي مرّ به يوما ما، وكان يرق العجين بلمح البصر، لا تستطيع العين مجاراته ومتابعته في عمله، فرغيف الخبز ينتقل من حالته الأولى وهو عجين مثل الكرة، ليصبح رغيفًا محمرًا له وجه كالقمر، فيحدث هذا التحول كلمح البصر أو كدائرة الماء التي تحدث بفعل حجر يلقى فيه.

ب. ترتيب الأطعمة: أولا اللحم المشوي ثم الدجاج، وأخيرًا الحلوى.

التدريبان التاسع والعاشر

إجابات متنوعة.

الوحدة الثالثة - الأزياء التقليدية

أهداف الوحدة

مع نهاية هذه الوحدة، يحقق معظم الطلاب ما يلي:

- قراءة موضوعات عن اللباس الشعبي في بعض أجزاء العالم العربي قراءة متأنية صامتة وجهرية.
- تحديد الأفكار الرئيسة لكل نص.
- إنشاء موضوعات جديدة تتضمن الأفكار الرئيسة الواردة في النص.
- توظيف المفردات المستخدمة في النص في جمل من إنشائهم.
- التعرف على المفعول فيه (ظرفي الزمان والمكان).
- التعرف على أسلوب التورية.
- ممارسة مهارة تحضير العرض التقديمي.

نشاط تمهيدي:

- يمكن التنسيق مع الطلبة مُسبَقًا والاتفاق معهم على ارتداء الزي الشعبي أثناء الدرس. يمكن الاستفادة من الجنسيات المختلفة في الصف بالمساهمة في تنويع الأزياء الشعبية.
- ابدأ الدرس بعرض صور للأزياء الشعبية لبلدك ثم اسأل الطلبة عما يميزها، وما علاقتها بموضوع الوحدة. ثم اسأل الطلاب أسئلة التمهيد المدرجة في كتاب الطالب. افسح المجال للطلبة ذوي الجنسيات الأخرى للمشاركة ووصف أزيائهم الشعبية. من الممكن عرض صور لأزياء شعبية متعددة ومناقشة أوجه الشبه بينها.
- اطلب من الطلبة أن يقرأوا النص قراءة صامتة ثم اطلب من البعض أن يقرأوا النص قراءة جهرية.
- ناقش النص واستعن بأسئلة الكتاب لتسيير النقاش.
- ناقش الطلبة في معاني المفردات المتعلقة بموضوع الدرس، واطلب منهم أن يعبروا عنها بلغتهم الخاصة.
- شجع الطلبة على تدوين معاني المفردات على دفتر المعاني الخاص بمراجعة الدروس.

إجابات كتاب الطالب:

التدريب الأول

1. الأزياء التقليدية.
2. هذا الانصراف يمثل خطر فقدان الهوية وهجرًا للقيم والسلوك الحميدة...
3. أثر في صناعة هذا النوع من الزي. فترى أن ممتهني هذه الحرفة يعانون من قلة اهتمام الناس بمنتجاتهم مما يضطرهم إلى تركها والبحث عن غيرها.
4. تجد الإجابة في الفقرة الخاصة بالزي الأردني.
5. تجد الإجابة في الفقرة الخاصة بالزي الإماراتي.

التدريب الثاني

- التراث: مَا لَهُ قِيمَةٌ بَاقِيَةٌ مِنْ عَادَاتٍ وَآدَابٍ وَعُلُومٍ وَفُنُونٍ وينْتَقِلُ مِنْ جِيلٍ إِلَى جِيلٍ.
- اللباس الشعبي: الزي المنسوب إلى الشعب.
- الحياكة: الخياطة.
- المقصب: منسوج بخيوط فضية أو ذهبية.
- السروال: البنطال.
- الموروث: العادات والأعراف التي نتناقلها عبر الأجيال.

التدريب الثالث

1 أذهب إلى المدرسة صباحًا.

2 أشاهد التلفاز مساء.

3 أجلس خلف أحمد.

4 سأمضي إجازتي بين الأصدقاء.

5 أسكن قرب الحديقة العامة.

قم بتذكير الطلبة بالظرفين المتصرفِ وغيرِ المتصرفِ.

الظرف المتصرف: هو الذي لا يلازمُ النصبَ على الظرفيةِ، وإنما يَتْرُكها إلى حالاتٍ أخرى من الإعراب فيكون:

مبتدأ وخبراً وفاعلاً ومفعولاً مثال الزمان المتصرف: يومُكم سعيدٌ ومثال المكان المتصرف: يمينُك أوسعُ من شِمالِك.

الظرف غير المتصرف: وهو الذي لا يفارق الظرفية الزمانية والمكانية إلى الحالات الإعرابية الأخرى.

وهو نوعان: النوع الأول: ما يلازم النصب على الظرفية أبدًا فلا يستعمل إلا ظرفًا منصوبًا. مثل: قط وعَوْضُ وبينما وإذْ وَأيّان وأنى وذا صباح وذات ليلةٍ، ومنه ما ركّب من الظروف: (صباح مساء)، (وليل ليل)، (ليلَ نهار) النوع الثاني: ما يلازم النصب على الظرفية، أو الجرّ بمن أو إلى أو حتى أو مُذ أو منذ. مثل بعد وفوق وتحت ولدى وعند ومتى وأين وهنا وثَمّ وحيثُ والآن.

يجب تنبيه الطالب أن "منذ" غير خالصة الظرفية فهي تعرب في مواطن حرف جر وذلك إذا جاء بعدها اسم مفرد.

التدريب الرابع

• خلالَ • جنوبَ، • قطْ • صباحَ • خلفَ

التدريب الخامس

1 المعنى القريب هو الاسترخاء والبعيد هو راحة اليد
2 المعنى القريب هو شقيق الأم والمعنى البعيد هو الشامة
3 المعنى القريب: أخو الخنساء والمعنى البعيد: الحجر
4 المعنى القريب: المجاورة والمعنى البعيد: منسكب
5 المعنى القريب: الطعام المعروف والمعنى البعيد: الخوف

التدريبان السادس والثامن

- شجع الطلبة على البحث وربط الدرس بالتاريخ.
- قم بتقييم أعمال الطلبة وزودهم بملاحظات بناءة تساعدهم على تحسين الكتابة ولا سيما أن التلخيص من المهارات المهمة التي يجب على الطلبة اتقانها.

التدريب التاسع

تجد الإجابة هنا: موقع الموسوعة العربية

http://www.arab-ency.com

شجع الطلبة على البحث واطلب منهم توثيق معلوماتهم.

إجابات كتاب التدريبات:

التدريب الأول

إجابات متنوعة.

التدريب الثاني

إجابات متنوعة.

التدريب الثالث

1 صباحًا، **2** شتاء، **3** أسبوعًا **4** فوقَ، **5** جانبَ.

التدريب الرابع

اقبل جميع الإجابات الصحيحة.

التدريب الخامس

1 ليلًا، ظرف زمان
2 أمام، ظرف مكان
3 يومَ، ظرف زمان
4 غدًا، ظرف زمان

التدريب السادس

1 المعنى القريب: أداة للقتل، المعنى البعيد: نظرة العين.
2 المعنى القريب: العمر، المعنى البعيد: الضرس.
3 كلمة نهراً لها معنيان: الأول القريب هو النَّهْرُ مفرد كلمة الأنهار. والمعنى الآخر البعيد وهو المراد: الزَّجر.
4 كلمة راحة لها معنيان: أحدهما المعنى القريب وهو راحة اليد، وهو المعنى الذي تستدعيهِ عبارة "يداً تشكرها" والآخر المعنى المقصود وهو راحة الجسم من التعب.
5 كلمة تعالى المعنى القريب جلّ وارتفع والمعنى البعيد احضر.

التدريب السابع

لا يختلف الليبيون عن معظم الشعوب، فهم يعتزون بزيهم الشعبي الجميل الذي يعكس حضارتهم وبيئتهم الجميلة. ولكن حرفة صناعة هذا الزي مهددة بالانقراض وذلك لأسباب عدة منها انصراف الليبيين عن ارتداء الزي التقليدي في الأيام العادية، واكتفائهم بارتدائه في الأعياد والمناسبات الرسمية مما سبب تراجعًا ملحوظًا في طلب هذا النوع من الأزياء أدى الى انصراف الحرفيين عن صناعتها.

التدريب الثامن

إجابات متنوعة.

تأكد من أعمال جميع الطلبة وتزويدهم بإرشادات واضحة لتحسين أعمالهم الكتابية.

التدريب التاسع

تأكد من تقييم العرض التقييمي لكل مجموعة وتأكد من تحقيق معايير العرض الجيد من حيث: الحركة والصوت والتواصل البصري مع الجمهور، لغة الجسد، دقة المحتوى، تصميم الشرائح، التنقل بين الشرائح، سلامة اللغة و شمول العرض لكل جوانب الموضوع.

إجابات نموذج على غرار الامتحان

الورقة 1 القراءة

اقرأ النص التالي ثم لخص في حدود 100-150 كلمة الأفكار الرئيسة التي يناقشها:

يعرف الزبيدي الإرث بأنه: "استيلاء الشخص على مال وليّه الهالك". تتناول الكاتبة نديمة عبتاني التراث في كتابها "التراث في الحضارة العربية" من منظور أيديولوجي اجتماعي فتقول إنه انتقال الصفات الثقافية لمجتمع معين من جيل إلى آخر، ويحدَّد باعتباره ما تخلفه الأجيال السابقة للاحقة، لذلك، يعتبر التراث من العناصر المهمة للتطور الاجتماعي؛ لأنه يحوي مكنون ما سبقه من الأجيال التي بلورت الواقع؛ ولأنه يمثل موسوعة حضارية لما سبقه من أحداث.

والتراث سلسلة مارة بجميع ما سبق وما سيأتي ولهذا سيكون علينا أن نستفيد مما خلف لنا السلف دون أن ندعه يؤثر في الحاضر. والتراث العربي جزء من تلك السلسلة، فقد أدى دور المنارة في مجالات عديدة كالطب والرياضيات. إن الاهتمام بالتراث الحضاري يحتاج الموضوعية وعدم الانحياز، وذلك عن طريق هضمه وربطه بالمعاصرة التي تعني استيعاب الحاضر وربطه بالتراث الإنساني.

الورقة 2 الكتابة

القسم الأول:

إن الابتعاد عن العادات والتقاليد هو ابتعاد عن الأخلاق والقيم.
إلى أي مدى توافق على هذا الطرح؟

تبدأ ملحمة الصراع الثقافي بين العادات والقيم بسبب ربط المجتمعات للعادات وهي ضوابط اجتماعيَّة تسيِّر الأفراد والجماعات مسارات إجباريَّة دون اشتراط قناعات ذاتيَّة كاملة والقيم التي توجه الأفراد للأهداف العامة الإنسانية، وبسبب ربطهما منذ الأزل اعتبر عالميًّا أن الابتعاد عن العادات والتقاليد هو ابتعاد عن القيم. في رأيي الشخصي أعتقد أن في ربطهما تناقضًا؛ لأن القيم ثابتة في المجتمعات دون النظر إلى عرقهم أو دينهم أو جنسهم أو حتى فترتهم الزمنية على عكس العادات والتقاليد. إن ما نشاهده حاليًّا هو ابتعاد عن القيم التي تعني بشكل رئيسي الابتعاد عن العادات والتقاليد المبنية عليها لا العكس. ولا يمكن الحكم المطلق؛ فتعريف أيٍّ منها يخضع لضوابط المجتمع والبيئةِ والزمان والثقافة العامَّة والحريَّة الفكريَّة المكوِّنة لها ابتداءً والمهذِّبة لها تطبيقا.

القسم الثاني:

الوصف والسرد:

تخيل أنك مسؤول عن زاوية تخص بلدك في معرض تراث. صف ما يمكن أن تعرضه في هذه الزاوية.

لو كنت مسؤولًا عن معرض ثقافي لمدينتي لقمت بتصميم معرض يشبه سوق "جارا" في شارع الرينبو في عمان حيث المهرجان الفني الثقافي. حين اتجهت إلى هذا السوق ، استنشقت عبير لأصالة الممزوجة بالمعاصرة ، ممر طويل رُتبت طاولاته على الجانبين تحتوي الملابس والشراشف المطرزة والأشغال اليدوية من القش والفسيفسائيات دقيقة الصنع والزجاجات المملوءة بالرمل، والاكسسوارات الجميلة المطلية بالذهب أوالفضة ، وللفن التشكيلي حضور لافت فثمة لوحات ومنحوتات آية في الجمال والروعة تنم عن أيادي الفنانين المبدعين ، كما أن النحاسيات المذهبة والتحف النادرة، لها نصيب وافر في هذا السوق والصابون والكريمات المعطرة والطبيعية ، إلى جانب من يعرض مواهبه الموسيقية في معزوفات راقية ومرهفة الحس ، ولا يفوتني أن أذكر تهافت السياح على الأطعمة كورق العنب اللذيذ والجميد الكركي واللبن العيران والعسل الطبيعي، ويتجلى الفلكلور والفن الشعبي المحلي من خلال بعض الرقصات والأغاني التراثية.

الفصل الرابع
الوحدة الأولى - السياحة والاقتصاد في العالم العربي

أهداف الوحدة
مع نهاية هذه الوحدة، يحقق معظم الطلاب ما يلي:

- التعرف على أهم خصائص النص الوصفي والسردي.
- التعرف على معاني الكلمات من خلال سياق استخدامها وتوظيفها عند الكتابة.
- تحديد الموضوعات في النص الوصفي والسردي، وتحليل وتقييم ما هو مهم لأغراض محددة.
- فهم وشرح ومقارنة المعاني الضمنية في النص.
- فهم تركيب الحال وتوظيفها عند الكتابة.
- التعرف على التأثير اللغوي عند استخدام الازدواج وتوظيفه عند الكتابة.
- استخدام علامات الترقيم لمساعدة القارئ على فهم بناء النصوص المكتوبة.
- كتابة نص سردي ووصفي ممتع.

نشاط تمهيدي:
يهدف هذا النشاط إلى تهيئة الطالب للدرس وتحفيزه على تبادل النقاش حول التجارب الشخصية في زيارة المناطق السياحية، والتعبير عن الأماكن التي يتمنى زيارتها في المستقبل وتعليل السبب. كما يهدف هذا النشاط إلى تحفيز الطالب على التفكير في أسلوب النص السردي ومفرداته.

اطلب من الطلاب قراءة أسئلة التمهيد، وأعطهم الفرصة لتبادل الآراء حول الموضوع ومناقشته، ثم اسأل بعض الطلبة عن رأيهم.

- ما الأماكن السياحية التي زرتها في العالم العربي والعالم؟ ما المناطق السياحية الأخرى التي تتمنى زيارتها؟ لماذا؟
- النص يدور حول السياحة في بعض الدول العربية وتأثير الاقتصاد فيها. ما المعلومات والمفردات التي تتوقع قراءتها في النص؟

إجابات كتاب الطالب:

التدريب الأول
يهدف هذا النشاط إلى تشجيع الطالب على قراءة النص لتكوين فكرة عنه، وفهم وجمع بعض من المعاني الصريحة والمقارنة بينها، وفهم واستخدام مجموعة من المفردات المناسبة.

1
- سالت - ذابت
- فاشتملت
- موقع مميز
- تدعم
- الآثار

2 إجابات محتملة:
- خفاياها **الساحرة والمبهرة**
- كلوحةٍ **أزلية وسرمدية**
- موقعه الجغرافي **مميّز وفريد**
- الإرث التاريخي **العريق والأصيل**
- في **أعماق وجوف** التاريخ

3 مغارة جعيتا **الشهيرة** تكونت نتيجة تجمع المياه **الكلسية** لتكون عالمًا **مدهشًا وخياليًّا** من المنحوتات **الساحرة والخلابة** وزخارف فنية **مبهرة وبديعة**.

يغطي الربع الخالي **الشاسع** الكتل الرملية **الهائلة** التي تحركها الرياح **القوية** فتنحت كتلًا رملية **متغيرة الشكل**.

السياحة تعد ركيزة **هامة** لتوفير فرص العمل **المتنوعة** وتُشكل منبرًا **جليلًا** لنشر تراث البلد **الأشم**.

القواعد (الحال)
يهدف هذا الصندوق إلى تلخيص أنواع الحال.
- اطلب من الطلاب قراءة التلخيص والأمثلة، ثم اطلب من أحد الطلبة التلخيص أمام الصف.
- اسأل إن كان لدى الطلبة أي استفسار قبل حل التدريب الخاص به.
- ذكر الطلبة وشجعهم على استخدام الحال عند الكتابة لأنه يضيف قوة عند التعبير عن كيفية حدوث الشيء مما يجعل الجملة مؤثرة أكثر عند قراءتها.

ملاحظة: للتفريق بين الحال والصفة:
- معرفة + نكرة = حال (شربت البنت الماء <u>باردًا</u>)
- معرفة + معرفة = صفة (شربت البنت الماء <u>البارد</u>)
- نكرة + نكرة = صفة (اشتريت كتابًا <u>مفيدًا</u>)

* الجمل بعد النكرات صفات وبعد المعارف أحوال
- جاء ولد <u>يضحك</u> = جملة "يضحك" صفة
- جاء الولد <u>يضحك</u> = جملة "يضحك" حال

التدريب الثاني
يهدف هذا النشاط إلى تعزيز قدرة الطالب اللغوية في استخدام الأنواع المختلفة من الحال.

1 ذهبت إلى الربع الخالي **فرحًا**، وقصدت الآبار الكبريتية وصدري **منشرحٌ** (حال جملة اسمية).

2 دخلت مغارة جعيتا **وأنا خائف** (حال جملة اسمية)

3 تجولت مع السائحين **بين الآثار** (شبه جملة)

30

التدريب الثالث

يهدف هذا النشاط إلى تحفيز الطالب على فهم وجمع بعض المعاني الصريحة وشرح ومقارنة المعاني والمواقف الضمنية. اسأل الطلاب الآتي:

- ماذا تتوقع أن يكون مضمون القصّة من خلال العنوان والصورة؟
- ما الأفكار التي يمكن أن يتطرق إليها الكاتب في مثل هذا النص؟
- ما المفردات التي يمكن أن تقرأها في مثل هذا النص؟

التدريب الرابع

يهدف هذا النشاط إلى تحفيز الطالب على فهم وجمع بعض المعاني الصريحة وفهم واستخدام مجموعة من المفردات المناسبة وكيف يصل الكُتّاب إلى المؤثرات.

1 اكتب تعريف النص الوصفي والنص السردي على السبورة ثم اطلب من الطلبة مناقشة الفرق بينهما وبعد ذلك اطلب منهم تبادل أفكارهم مع الفصل.

السرد هو التعبير عن أحداث واقعية أو خيالية متصلة بمصير شخصية أو أكثر في إطار زمني ومكاني محدد.

الوصف هو طريقة فنية في التعبير ويستخدم لتصوير المشاهد وتخيل الشخصيات أو التعبير عن الموقف والمشاعر، ويهدف إلى نقل الواقع بتفاصيله وجزئياته إلى القارئ.

بعض الفروق المهمة بين النمطين:

النص السردي

الأفعال الغالبة فيه هي أفعال ماضية.

أدوات الربط البارزة فيه مثل: ذات صباح، حينئذ، عندما، لما، ما إن، بعد، قبل...

سيطرة الأسلوب الخبري إثباتًا ونفيًا.

النص الوصفي

للواصف وجهة نظره يرسم من خلالها صورة لشخصية والمشهد بصيغة الغائب عموما وأحيانا بصيغة المتكلم.

الأفعال الغالبة هي الأفعال الماضية، والمضارعة الدالة على الحال.

كثرة الجمل الاسمية وكثرة النعوت والتفاصيل.

أدوات الربط البارزة هي ظروف المكان والاتجاهات مثل: فوق، تحت، شمال، غرب، في القريب، قرب... وظروف الزمان

استخدام الصور البلاغية مثل: التشبيهات، الاستعارات، والكنايات.

باختصار:

إذا كان هدف السرد تنمية الأحداث وتطويرها باتجاه العقدة والحل وتوفير عنصر الحركة والتشويق، فهدف الوصف تنمية وعي القارئ حول تفاصيل الشخصيات والأحداث عن طريق تخيل التفاصيل والإحساس بها.

2 يعطي المعلم للطالب الحرية في اختيار اللون أو الكلمة شرط تبرير رأيه بشكل مقنع، مثل: الوحدة: الفراغ؛ لأن الشخص الوحيد لا يشعر بوجود أحد حوله.

3 يساوم: يجادل في سعر البضاعة

- سخام: دخان أسود
- العوادم: جمع عادم وهو الأنبوب الذي يخرج منه دخان السيارة، وسمي عادمًا لأنه يقلل من الضجيج والتلوث.
- اللدائن: البلاستيك، جمع مفرده لدينة، وشيء لدن بفتح اللام وكسر.
- الموسكي: سوق شعبي.
- المقطم: جبل يطل على القاهرة قليل الارتفاع.
- الأزهر: مسجد مشهور في القاهرة.

التدريب الخامس

يهدف هذا النشاط إلى تحفيز الطالب على فهم، وشرح ومقارنة المعاني والمواقف الضمنية، وتحديد وتحليل وتقييم ما هو مهم لأغراض محددة، وفهم كيف يصل الكُتّاب إلى المؤثرات.

1 شعبية: ملخص "أجدني وسط أمواج متدافعة... المتسولين ويخالط ذلك كله عبق البخور الشرقي وروائح الشواء."
اجتماعية: "يحتويني خان الخليلي، يطوّقني بقلائد من سُبّحات وعقود من خرز ملون زائف،... واللدائن"
دينية: "أدخل الأزهر، وقد خلعت حذائي، تركته ورائي، وفي الهدوء المقدس أصلي ركعتين... أستريح" حضارية.

2 اقبل رأي الطرفين على شرط توضيح الطالب لسبب تبنيه رأيه.

3 اقبل رأي الطرفين على شرط توضيح الطالب لسبب تبنيه رأيه.

4 اقبل أي وصف وتعبير خاص للطالب من الفقرة (وكل يريد أن يقتنص بضع جنيهات من سائح لا يعرف كيف يساوم، ولبائع يرطنُ معه بالفرنسية والإنكليزية والإيطالية، فهو يعرف كل لغات البيع والشراء، حتى العربي يحسبه فرنسيًّا فيكلمه بالفرنسية).

5 اقبل أي وصف وتعبير خاص للطالب من الفقرة (أغط ملعقتي في الصحن، أمزج الخليط، أحس له طعمًا شهيًّا. والبهار الحار يغمره. صحن واحد عجيب، اختلط فيه كل شيء بكل شيء، الأرز والمعكرونة والطماطم والشطة الحارة والعدس والحمص وشرائح البصل المحروقة والملح والفلفل والخل والبهار).

6 نعم، لأن ضمير المتكلم أضاف وصفًا واقعيًّا للأحداث مكنت القارئ من التقرب إليه ورؤية القاهرة بعدسة عينه

7 اقبل رأي الطرفين على شرط توضيح الطالب لسبب تبنيه رأيه.

8 مثال: عقود من خرز ملون زائف، والمسلّات النحاسية. والجمالِ الخشبيةِ. استخدمها لتمكين القراء من الحصول على تصور كامل وحيّ.

9 اقبل رأي الطرفين على شرط توضيح الطالب لسبب تبنيه رأيه.

10 تعكس طبيعة السوق المتنوعة والمتناقضة، وشبهه بالفلك الدوار، فيه الشقي والتقي، والصالح والطالح.

11 **المسموعات:** نداءات الباعة - وإلحاح المتسولين - ويعلو اللغَطُ والصخبُ والضجيجُ - ويرطنُ معه بالفرنسية والإنكليزية والإيطالية - وزعيق الأبواق.

- **المشمومات:** عبق البخور الشرقي وروائح الشواء وأشذاء البهارات والتوابل الفاغمة.
- **الملموسات:** الجمال الخشبية وتماثيل الملوك والفراعنة والكهان والكُتّاب من حجارة مختلفة والمسلّات النحاسية والتذكارات من الجلد والخشب والنحاس واللدائن.
- **المرئيات:** ساحة مكتظة بالباعة - زحمة السوق - الصندوق الأول مكعب – الثاني (الصندوق) متطاول.

التدريب السادس

يهدف هذا النشاط إلى تحفيز الطالب على الطلاقة في سرد تجربة ما والتعبير عمّا مَرَّ من أفكار وشعور وتخيّل. يمكن التعرف على المزيد من المعلومات والخطوات المفيدة من موقع كيفية كتابة المقال الوصفي - عالم أكاديميا.

التدريب السابع

أواخر الناس – وطوارق الليل: محسن بديعي/ازدواج له تأثير موسيقي جميل.

أهنأ من ليل الطفل النائم – أشقى من ليل الطفل الضائع: محسن بديعي/ازدواج يعطي جرسًا موسيقيًّا جميلًا.

إجابات كتاب التدريبات:

التدريب الأول

يهدف هذا النشاط إلى تهيئة الطالب للنشاط وتحفيزه على النقاش حول التنوع السياحي في دول الخليج وتأثيره في الاقتصاد الوطني.

- اطلب من الطلبة التفكير في المواضيع التي سيتطرق إليها هذا النوع من النصوص؟
- اطلب منهم كتابة جميع الأفكار على ورقة.

التدريب الثاني

1 اطلب من الطلاب قراءة النص مرتين على الأقل.
2 اطلب من الطلاب استخدام المعجم لاستخراج الكلمات والتعابير غير المفهومة وكتابتها في الدفتر.
3 اطلب من الطلبة قراءة أكثر الكلمات غرابة بصوت عال أمام الصف.

- القراءة المتكررة هي استراتيجية فعالة يمكن استخدامها حين يتفاوت مستوى الطلاقة في القراءة بين الطلبة وتعمل بشكل أفضل حين تطبق على مجموعات صغيرة حيث يستمع بعض الطلاب إلى بعضهم.
- استخدام المعجم لاستخراج كلمات بديلة وقراءتها أمام الصف سيثري الطلاب بخيارات المترادفات.

التدريب الثالث

يهدف هذا التدريب إلى تشجيع الطالب على تقييم فهمه عن طريق مقارنة إجابته قبل قراءة النص وبعدها.

1 اطلب من الطلاب تدوين ملاحظاتهم حول المقارنة بين التوقعات التي ذكروها في التدريب 1 ومحتوى النص، والأمور المتشابهة بين إجاباتهم والنص، وإن كان المؤلف قد تطرق إلى أمور لم يذكروها في دفترهم.
2 اطلب من الطلاب تبادل بعض النقاط مع زملائهم في الفصل.

التدريب الرابع

اقبل إجابات متوافقة مع ما ورد في النص.

التدريب الخامس

أ.
1 متألقة
2 بتحدٍّ
3 جادة

شجع الطالب على تأليف جمل تحتوي على مفردات جديدة ومتنوعة.

ب. جمل متنوعة

التدريب السادس

- ذكر الطلاب بأنه (عندما تركز في وصفك على الحواس، فأنت تقدم تفاصيل حية ومحددة تصور للقارئ عوضًا عن إخباره بما تريد وصفه. ولذلك فمن المهم تخيل وكتابة المشاهد، والأصوات والروائح والأذواق، والأشياء المهمة لتطوير وصفك وكذلك التفاصيل التي يمكن إدراجها في النص للتأكد من أن القارئ سيحصل على انطباع حيّ ومشبع بالعاطفة أو المشاهد المؤثرة).
- اقبل جملًا متنوعة.

التدريب السابع

يهدف هذا التدريب إلى تشجيع الطلبة على التفكير بالمحسنات البديعية (الازدواج).

- اطلب من الطلاب مراجعة معنى الازدواج في كتاب الطالب.
- اقبل جملًا متنوعة.
- شجع الطالب على استخدام الازدواج عند كتابة النصوص وخاصة السردية والوصفية.

التدريب الثامن

يهدف هذا النشاط إلى تحفيز الطالب على الطلاقة في وصف التجربة والتعبير عمّا مَرَّ من أفكار وشعور وتخيّل. ويمكن التعرف على المزيد من المعلومات والخطوات المفيدة من موقع كيفية كتابة المقال الوصفي - عالم أكاديميا.

1 شجع الطلاب على قراءة معيار تقييم كتابة النص الوصفي بدقة (الوارد في نهاية الفصل الثاني).
2 اطلب من أحد الطلاب أن يقرأ مقاله أمام الفصل وعلى باقي الطلاب الإنصات والاستماع إلى مقال زميلهم.
3 شجع الطلاب على تقييم مقال زميلهم بكتابة النقاط الإيجابية مع وضع مثال/أمثلة وتوضيح السبب. يمكنك أيضًا إضافة طلب كتابة نصيحة تساعد صاحب المقال على رفع مستوى عمله. (هنا يمكنهم الاستعانة بجدول معيار تقييم كتابة النص الوصفي).

الفصل الرابع
الوحدة الثانية - الاقتصاد العالمي وتأثيره في الدول العربية

أهداف الوحدة
مع نهاية هذه الوحدة، يحقق معظم الطلاب ما يلي:
- قراءة نصوص عن الاقتصاد قراءة جهرية بتركيز.
- شرح المعاني والمفردات وتوظيفها في كتاباتهم.
- التعرف على المثنى والجمع وتوظيفهما توظيفًا سليمًا.
- التعرف على الالتفات وتحديد مواضعه وتوظيفه.
- القراءة عن الاقتصاد في كتب الثقافة والتاريخ العربي.
- التعرف على أسس كتابة الحوار والجدال.
- إجراء مناظرة مع أحد الزملاء موظفين أسلوبي الحوار والجدال.

نشاط تمهيدي:
قد لا يكون بعض الطلبة على معرفة عميقة بالاقتصاد العالمي لذا من الممكن أن تلجأ لدعوة ضيف متخصص ليقوم بالتحدث عن الاقتصاد العالمي ومدى تأثرنا به.
اعرض فيلمًا ذا علاقة بالموضوع ثم اسأل الطلاب أسئلة التمهيد المدرجة في كتاب الطالب.
- اطلب من الطلبة أن يقرأوا النص قراءة صامتة، ثم اطلب من بعضهم أن يقرأوا النص قراءة جهرية.
- ناقش النص واستعن بأسئلة الكتاب لتسيير النقاش.
- ناقش الطلبة في معاني المفردات المتعلقة بموضوع الدرس، واطلب منهم أن يعبروا عنها بلغتهم الخاصة.
- شجع الطلبة على تدوين معاني المفردات بدفتر المعاني.

إجابات كتاب الطالب:

التدريب الأول
1. الإنفاق الاستهلاكي وأسعار الصرف والناتج القومي والمحلي، وسوق الأوراق المالية، والديون ومعدلات التضخم والبطالة.
2. يشجع المعلم الطلبة على قراءة النص واستنتاج الأسباب.
3. وفق الاعتماد على الإيرادات النفطية.
4. الفقرة الثالثة.
5. الفقرة الرابعة.
6. التضخم بسبب زيادة الطلب.
7. ضرورة خلق أسس تحكم المؤسسات المالية والاقتصادية والعمل على تقليص الترابط بينها وبين السوق العالمية، والعمل على تحسين القطاع المصرفي، والاستفادة من الموارد الطبيعية وتحقيق الأمن وتشجيع الاستثمار والحد من البطالة.
8. يشجع المعلم الطلبة على البحث والنقاش والتوثيق.

التدريب الثاني
- الناتج القومي: مجموع السِّلع والخدمات النهائيَّة المتولّدة عن نشاط مجتمع معيَّن في زمن ما (عادة على أساس سنوي) تقوم البلدان بإنتاجها القوميّ الخام.
- البورصة: مؤسسة مالية يجتمع فيها يوميًّا وكلاء اشركات والتجار وعملاء المصارف والسماسرة للمضاربة بالأموال وتبادل العملات الأجنبية.
- معدلات التضخم: الزيادة المفرطة في النقد المتداول التي تؤدِّي إلى ارتفاع الأسعار وانخفاض القيمة الشِّرائيَّة للعملة الورقيَّة.
- سوق الرهن السكني: قرض يُمَكِّن المقترض فردًا كان أو مؤسسة من أن يقترض نقودًا ليشتري منزلًا أو أي عقار آخر. وتكون ملكيته لهذا العقار ضمانًا للقرض، أي أنه في حال عجزه عن سداد القرض، فإن من حق المُقرض اتخاذ الإجراءات الكفيلة بتغيير ملكية هذا العقار.
- الاحتكار: سيطرة شخص أو جماعة على عمل ما لغرض السيطرة على الأسواق والقضاء على المنافسة، وتعاني أقطار العالم الثالث من الاحتكارات العالميّة.
- جدولة المديونيات: عملية تتم من خلال التفاوض بشأن القروض القائمة، كلها أو بعضها، التي يواجه المستدين صعوبة في سدادها وتشمل تأجيل سداد الفوائد.
- معاملات المضاربة: عمليات بيع أو شراء يقوم بها أشخاص خبراء في السُّوق للانتفاع من فروق الأسعار.
- الرأسمالية: النظام الاقتصادي الذي يقوم على الملكية الخاصة لموارد الثروة.
- البتروكيماويات: هي المواد الكيماوية المستخرجة من النفط وتضم البنزين وتدخل في صناعة العديد من الموادّ.
- صادرات: البضائع الوطنية التي ترسل إلى بلاد أخرى.
- واردات: البضائع الأجنبية التي تشتريها الدَّولة وهي مقابل الصَّادرات.
- مشاريع البنية التحتية: المكونات المادية للأنظمة المترابطة التي توفر السلع والخدمات الضرورية لتمكين أو إدامة أو تحسين ظروف الحياة المجتمعية، مثل الطرق والجسور وموارد المياه والصرف الصحي والشبكات الكهربية والاتصالات عن بعد وما إلى ذلك.
- صندوق النقد الدولي: هو وكالة متخصصة تابعة للأمم المتحدة، أنشئ بموجب معاهدة دولية في عام 1945 للعمل على تعزيز سلامة الاقتصاد العالمي. يقع مقر الصندوق في وشنطن العاصمة، ويديره أعضاؤه الذين ينحدرون من جميع بلدان العالم تقريبًا والبالغ عددها 188 بلدًا.

التدريب الثالث

1 يوجه المعلم الطالب للبحث عنه.

2 يرتبط الدخل بالإنفاق عن طريق مكاسب الأعمال، مما ينعكس على الإنفاق ويزداد الترف.

3 يناقش المعلم آراء الطلبة المختلفة.

4 حسب ما ورد في النص.

5 تتمثل في أنها مقياس للأثمان (للقيم) وأداة للادخار (لحفظ القيم) ووسيط للتبادل.

6 لا، فهو يرى أن السبب في زيادة الثراء والترف والغنى في بعض الدول لا يرجع إلى زيادة المعدنين (المال) في هذه الدول؛ وإنما كثرة العمران واختصاصه بأرض المشرق، فكثرة العمران تؤدي إلى الكسب وتزيد من فرص العمل. بسبب ما حدث في العالم على إثر انهيار سوق العقارات والرهونات السكنية بسبب تفاوت سعر الفوائد وغيرها حسب النص الأول (الاقتصاد العالمي يلقي بظلاله على الدول العربية).

القواعد

المثنى: اسم معرب يدل على اثنين أو اثنتين متفقين لفظًا ومعنى بزيادة ألف ونون في مفرده في حالة الرفع، أو ياء ونون في حالتي النصب والجرّ، مع **(صلاحية التجريد) ونعني بها أننا نحصل على المفرد بحذف علامة المثنى دون تغيير آخر.**

ملحقات جمع المذكر السالم: يلحق بجمع المذكر السالم الألفاظ التالية: (بنون، أرضون، سنون، أهلون، أولو وألفاظ العقود) لأنها لم تستكمل الشروط فمثلًا أولو مفردها صاحب، سنون مفردها سنة وهي مؤنثة، أي أنها ليست مفردا للملحق لأنها فقدت شرط السلامة من التغيير، أي البقاء على حالها بحذف العلامة (الواو والنون).

جمع المؤنث السالم: اسم معرب يدل على أكثر من اثنتين بزيادة ألف وتاء مفتوحة في مفرده (حيث تحذف التاء المربوطة في المفرد عند الجمع).

ملاحظة يجب التركيز على أن جمع المؤنث السالم ينصب وعلامة نصبه الكسرة نيابة عن الفتحة وهي علامة فرعية.

التدريب الرابع

1 اللوحَتانِ، جميلتان

2 رحلاتُ

3 المبادرينَ

4 البنين

5 المبدعينَ

6 بناياتٍ

7 قصتينِ

8 فريقينِ مشهورينِ

التدريب الخامس

1 في البيت الثاني انتقل الشاعر من الحديث عن قومه إلى مخاطبة الغائب ملتفتًا إلى إبراز خصال قومه، ثم عاد إلى الحديث عن قومه.

2 انتقل الشاعر من ضمير الغائبة (تضحك) إلى ضمير المخاطبة (تري)

3 انتقل الشاعر من أسلوب الخطاب (يا دار) إلى ضمير الغائب (أقوت، عليها)

4 انتقل الشاعر من الحديث عنه (الغائب) (أبت) إلى مخاطبته (يا هودُ)

5 كان يتحدث عنها (ترى)، ثم خاطبها (هواك)

التدريب السادس

قم بإشراك الطلبة في وضع سلم معايير لتقييم أسلوب الحوار، ثم اطلب منهم تقييم أعمالهم حسب سلم التقدير المتفق عليه. قم بتقييم أعمالهم بعد ذلك، وزودهم بملاحظات بناءة تساعدهم على تحسين مهارة كتابة الجدال.

التدريب السابع

إجابات مختلفة وفقًا لأفكار الطلاب. يقبل المعلم الآراء المدعمة بالتعليل المنطقي.

التدريب الثامن

قم بمراجعة آداب المناظرة التي تم مناقشتها سابقًا مع الطلبة قبل الشروع فيها، وحاول أن تلزمهم بها دائمًا. اترك مسؤولية تحضير المناظرة للطلبة، وشجعهم أن يقوموا بدعوة ضيوف مختصين من وزارة العمل أو من الأهالي.

إجابات كتاب التدريبات:

التدريب الأول

1- حسب ما ورد في النص *2* و*3* و*4* تقبل إجابات مختلفة للطلبة

4- يبحث في الشبكة العالمية ويدون ويقرأ على الزملاء.

التدريب الثاني

أ. البورصة	ب. المضاربة	ج. الاحتكار
د. واردات	هـ. صادرات	و. الرأسمالية

التدريب الثالث

يدير المعلم النقاش حول العلاقة بين النصين ويطلب منهم كتابة أهم النقاط المشتركة.

التدريب الرابع

اقرأ الفقرة الآتية ثم أجب عما يليها:

سافرت بصحبة صديقيّ زيد وحسان إلى بلدين عربيين، مصر والأردن، زرنا المتاحف والأهرامات والمناطق الأثرية كالبتراء وجرش، سرنا في شوارع مصر القديمة وشارع الأعمدة في جرش؛ فشاهدنا رجلين جالسين يقصان على المستمعينَ الحكايات اللطيفة والنوادر الطريفة في السنين الماضية.

مثنى	جمع مذكر سالم	جمع مؤنث سالم	ملحق	جمع تكسير
صديقيّ، بلدين، عربيين، رجلين، جالسين	مستمعين	الحكايات أهرامات	سنين	المتاحف، المناطق، شوارع، الأعمدة، النوادر

أ. حذفت النون من كلمة (صديقيّ) للإضافة.

ب. الأهراماتِ، رجلينِ، المستمعينَ، الحكاياتِ، السنينِ.

التدريب الخامس

1 معلما **2** عشرون **3** لوحاتٍ **4** روايتين
5 بالوالدين **6** الأبيضين **7** المعلمون **8** اللذان

التدريب السادس

- أعد المدربان ورشة عمل للموظفين.
- أعد المدربون ورشة عمل للموظفينَ.

التدريب السابع

- اعتادت المعلمتان المناوبتان أن تشرحا وقت الدرس عن تأثير الاقتصادِ العالميِّ في الدول العربية وهما متنبهتان متيقظتان لحركة الطالبات، وتقوم المعلمتان بمتابعة ردود أفعالهن.
- اعتادت المعلمات أن يشرحن وقت الدرس عن تأثير الاقتصادِ العالميِّ في الدول العربية وهن متنبهات متيقظات لحركة الطالبات، وتقوم المعلمات بمتابعة ردود أفعالهن.

التدريب الثامن

إجابات متعددة.

التدريب التاسع

ينتقل الشاعر من مخاطبة الغائب (يصرف مسراها)، إلى مخاطبة نفسه (إذا العيس لاقت بي) فعندما انتهى من مشافهة الممدوح والتصريح باسمه خاطب نفسه مبشرًا لها بالبعد عن المكروه والقرب من المحبوب.

ثم انتقل من خطاب نفسه إلى خطاب غيره فقال (هنالك تلقى الجود) فقد أراد أن يخبر غيره بما شهده، كأنه يصف له جود الممدوح وما لاقاه منه، إشادة بذكره.

التدريب العاشر

يشجع المعلم الطلبة على القيام بعصف ذهني لمناقشة الدور الذي لعبته الأسواق في تطوير الاقتصاد قديمًا وحديثًا.

التدريب الحادي عشر

قم بتزويد الطلبة بملاحظات تهدف إلى تحسين أعمالهم.

التدريب الثاني عشر

قم بتزويد الطلبة بملاحظات تهدف إلى تحسين أعمالهم الكتابية.

الفصل الرابع
الوحدة الثالثة - عجائب البلدان

أهداف الوحدة
مع نهاية هذه الوحدة، يحقق معظم الطلاب ما يلي:

- قراءة موضوعات عن عجائب البلدان قراءة متأنية صامتة وجهرية.
- تحديد الأفكار الرئيسة لكل نص.
- إنشاء موضوعات جديدة تتضمن الأفكار الرئيسة الواردة في النص.
- توظيف المفردات المستخدمة في النص في جمل من إنشائهم.
- التعرف على الجملة الاسمية.
- التعرف على أسلوب كتابة الألف اللينة.
- ممارسة مهارة كتابة القصة و السرد.

نشاط تمهيدي:

- ابدأ الدرس بعرض صور لأماكن سياحية مختلفة وحاول أن تختارها من الوطن العربي، ثم اسأل الطلبة أن يتعرفوا عليها. اطلب من الطلبة الذين زاروا الأماكن المختارة أن يتحدثوا عنها. يمكن أن تعرض فيلما وثائقيًا عن أهمية السياحة، ثم ناقش الطلبة في محتوى الفيلم واسأل الطلاب أسئلة التمهيد المدرجة في كتاب الطالب.
- اطلب من الطلبة أن يقرأوا النص قراءة صامتة، ثم اطلب من بعضهم أن يقرأوا النص قراءة جهرية.
- ناقش النص واستعن بأسئلة الكتاب لتسيير النقاش.
- ناقش الطلبة في معاني المفردات المتعلقة بموضوع الدرس، واطلب منهم أن يعبروا عنها بلغتهم الخاصة.
- شجع الطلبة على تدوين معاني المفردات في دفتر المعاني.

إجابات كتاب الطالب:

التدريب الأول
1. حوالي 3000 عام.
2. اليونانيون، إلى جانب الأهرام في مصر ومعبد أرتيمس وتمثال زيوس، وقبر موسولوس، وتمثال رودس في اليونان.
3. الفقرة الثانية من منارة الاسكندرية.
4. نبوخذ نصر. إرضاءً لزوجته.
5. الفقرة الثانية من حدائق بابل المعلقة.
6. الفقرة الرابعة من الأهرامات.
7. تقع أهرامات الجيزة على هضبة في محافظة الجيزة على الضفة الغربية لنهر النيل.
8. الأنباط. نسبة إلى لون صخورها.
9. جمال لونها، السيق، نظام الري فيها...
10. علم النظام الهندسي للماء.

التدريب الثاني
1. شيد: بنى
2. صرح: بناء
3. المنارة: بناء يقام في الموانئ عليه ضوء لتهتديَ به السُفُنُ.
4. الهرم: بناء فرعونيّ ضخم من الحجارة الصُلْبة ذو قاعدة مُربَّعة، له أربعة جُدران مثلَّثة الشَّكل تلتقي رؤوسها مُكوّنة قمَّة الهرم مثل أهرامات الجيزة.
5. السيق: ممر يشق طريقه عبر الصخور بمسافة ميل واحد ليصل إلى البئر؟
6. الدير: مبنى أثري محفور على الصخر يعود تاريخه إلى حضارة الأنباط في الأردن. يُعتبر الدير من أشهر معالم المدينة.

التدريب الثالث
1. <u>متنزهات المدينة</u> <u>جميلة</u>.
2. <u>الاعتراف بالذنب</u> <u>فضيلة</u>.
3. <u>خير</u> الناس <u>أنفعهم للناس</u>.
4. <u>هما</u> <u>يدرسان الأدب العربي</u>.
5. <u>الصدق</u> <u>جزاؤه عظيم</u>.
6. أن <u>تلتزم بآداب المرور</u> <u>سلامة لك</u>.
7. <u>في التعاون</u> <u>قوة</u>.
8. <u>من</u> <u>مؤلف الكتاب</u>؟

التدريب الرابع
أُنثى، وعى، أفعى، عُليا، بلى، دعا، لولا، مُحَيًّا، ثُريا، تمنى.

التدريب الخامس
قم بتقييم أعمال الطلبة و زودهم بملاحظات بناءة تساعدهم على تحسين كتابتهم، ولا تنس استعمال معايير التلخيص الموضحة سابقًا.

التاريخ والحضارة العربية

- شجع الطلبة على البحث وربط الدرس بالتاريخ.
- اطلب من الطلبة البحث في دور الرحالة العرب في تطوير أجهزة الملاحة مثل الاسطرلاب.
- قم بزيارة المكتبة الافتراضية أو مكتبة المدرسة واطلب من الطلبة التعرف على أعمال ابن بطوطة وغيره من الرحالة العرب.
- اطلب من الطلبة البحث عن الاسطرلاب وعن الرحالة الذين ساهموا في تطويره.

التدريب السادس

1 إسبانيا.

2 ضخامتها وعجائب صنعها.

3 حصانتها ومناعتها.

4 لمحاولة دخولها.

5 صحارى.

6 الفضاء.

7 الخصوصية والتشويق.

8 عبد الملك بن مروان، موسى بن نصير، ...

9 يشجع المعلم الطلبة على اكتشاف دلالة كل شخصية مثال عبد الملك بن مروان الحاكم.

10 حيًا متحركًا بسبب استخدام الأفعال المضارعة والماضية، مثال سرت، أوغلت...

11 تقريب الخيال إلى الواقع.

التدريب السابع

قم بتقييم أعمال الطلبة و زودهم بملاحظات بناءة تساعدهم على تحسين كتابة القصة، ولا تنس استعمال معايير كتابة القصة والسرد الموضحة في كتاب الطالب. قم بإشراك الطلبة في عملية تقييم أعمال زملائهم، ووضع سلم معايير لتقييم العرض التقديمي ومهارات الإلقاء، وزودهم بملاحظات بناءة تساعدهم على تحسين مهارات الإلقاء والعرض.

إجابات كتاب التدريبات:

التدريب الأول

يقبل المعلم الجمل المتعددة ويصحح الأخطاء. يشجع المعلم الطلبة على استخدام المفردات في سياق مختلف عما ورد في النص وتشجيعهم على توسيع نطاق استخدامها.

التدريب الثاني

يشجع المعلم الطلبة على الإبداع في تكوين فقرات مختلفة.

التدريب الثالث

1 كتاب الجاحظ "الأوطان والبلدان".

2 البصرة في العراق.

3 لتوفر الأموال والخيرات فيها.

4 قطع النقود المعدنية.

5 توفر البضائع وبعد المسافة التي ستنتقل بها لبيعها.

6 جودة الطعام وأسعار السلع والبيوت.

7 أي كثرة عدد ساكنيها.

8 بالطين واللبن، وبالآجر والجص، والأجذاع والساج والخشب، والحديد والصناع.

9 عدد السكان.

10 يشجع المعلم الطلبة على استخدام أسلوب الوصف.

التدريب الرابع

المبتدأ الخبر

1	الذئب يطرقها في الدهر واحدة	وكل يوم تراني مدية بيدي
2	الرَأيُ قبلَ شَجاعَةِ الشُجعانِ	هُوَ أَوَلٌ وَهيَ المَحَلُّ الثاني
3	سرينا ونجم قد أضاء فمذ بدا	محياك أخفى ضوءه كل شارق
4	أنا البحر في أحشائه الدر كامن	فهل سألوا الغواص عن صدفاتي
5	الأم مدرسة إذا أعددتها	أعددت شعبا طيب الأعراق
6	وبي مما رمتك به الليالي	جراحات لها في القلب عمق
7	أهابكِ إجلالا، وما بكِ قدرة	عليَّ، ولكن ملء عينٍ حبيبها

التدريب الخامس

يمكن للمعلم مناقشة إعراب الجمل ومن خلالها يظهر لمبتدأ والخبر

1 البستان: مبتدأ مرفوع وعلامة رفعه الضمة
أشجارَ: مبتدأ ثان مرفوع وعلامة رفعه الضمة
مثمرةُ: خبر المبتدأ "أشجار" مرفوع وعلامة رفعه الضمة، والجملة الاسمية في محل رفع خبر المبتدأ (البستان)

2 في: حرف جر
الشوارع: اسم مجرور وعلامة جره الكسرة، وشبه الجملة (الجار والمجرور) في محل رفع خبر مقدم
ازدحام: مبتدأ مرفوع وعلامة رفعه الضمة الظاهرة
شديد: نعت مرفوع

3 أن: حرف نصب
تأمر: فعل مضارع منصوب وعلامة نصبه الفتحة والفاعل ضمير مستتر والمصدر المؤول في محل رفع مبتدأ
خير: خبر مرفوع

4 المظلومون: مبتدأ مرفوع وعلامة رفعه الواو لأنه جمع مذكر سالم
يئنون: فعل مضارع مرفوع وعلامة رفعه ثبوت النون لأنه من الأفعال الخمسة، والواو ضمير متصل مبني في محل رفع فاعل، والجملة الفعلية في محل رفع خبر

التدريب السادس

1 الكنز تحت الأنقاض

2 القطة تموء

3 الموظفون ملتزمون بالعمل

4 عيناك ساحرتان

5 في عرض البحر سفينة كبيرة

التدريب السابع

1 في العراق: شبه جملة جار ومجرور

2 قريب: مفرد

3 تزأر: جملة فعلية

4 لله: شبه جملة جار ومجرور

5 مناراتها عالية: جملة اسمية

6 ترسو: جملة فعلية
7 فوق الجواد: شبه جملة ظرفية
8 أوكتا: جملة فعلية نفخ: جملة فعلية.

التدريب الثامن

يقبل المعلم الجمل المتعددة ويصحح الأخطاء.

التدريب التاسع

صحح الأخطاء التي تحتها خط في الجمل الآتية:

1 ذهَبَ موسى لزيارة صديقه مصطفى في المستشفى.
2 ترى المرضى فوق الأسرَّة.
3 عصى الولد أباه.
4 دعا الرجل ضيفه إلى الطعام.
5 متى تعود من رحلتك؟
6 توجه صياد إلى إحدى الغابات.
7 ألقى الغراب الحصى في الجرة.
8 عفا المعلم عن المخطئ.

التدريب العاشر

عَلِّلْ كتابة الألف اللينة فيما يلي:

1 استوفى: ألف لينة مقصورة، لأنه فعل سداسي.
2 ثرّيا: ألف لينة، لأنه اسم رباعي سبقت الألف بياء.
3 سلوى: ألف لينة مقصورة، لأنه اسم رباعي.
4 قضايا: ألف لينة، لأنه اسم خماسي سبقت الألف بياء.
5 مرايا: ألف لينة، لأنه اسم خماسي سبق بياء.
6 احتمى: ألف لينة مقصورة، لأنه فعل خماسي.
7 كلا: ألف لينة، لأنها حرف.
8 زكّى: ألف لينة مقصورة، لأنه فعل ثلاثي أصل ألفه ياء.
9 غدا: ألف لينة طويلة، لأنه فعل ثلاثي أصل ألفه واو.

التدريب الحادي عشر

قيم أعمال الطلبة بناء على ما تعلموه في أسلوبي السرد والوصف.

إجابات نموذج على غرار الامتحان

الورقة 1 القراءة

1 موقعه الجغرافي مميز فهو محاط بثلاث قارات وهي آسيا وأفريقيا وأوروبا *(2)* يحتضن إرثا تاريخيًّا قديمًا وحضارات جليلة *(1)* يمتلئ الوطن العربي بالمناطق الطبيعية الساحرة *(1)* الوطن العربي مهبط الديانات السماوية *(1)*.

2 تشكلت مع مرور الوقت نتيجة تسلل وتجمع المياه من مرتفعات لبنان وكونت أشكالًا طبيعية وتجاويف وشعاب ضيقة ومنحوتات فنية. *(1)*

3 لأنها تجذب العديد من محبي الرياضة الصحراوية لممارسة هواياتهم، كالتزلج على الرمال وقيادة سيارات الدفع الرباعي. *(1)*

4 تحظى المناطق السياحية باهتمام عالمي وبذلك يزداد عدد السياح *(1)* تمنح السياحة الدفعة اللازمة لتنمية الدول من خلال الإيرادات القادمة من النقد الأجنبي *(1)* السياحة تعد ركيزة هامة لتوفير فرص العمل *(1)* تشكل السياحة منبرًا لنشر تراث البلد وحضارته وتقاليده *(1)*.

5 تتلاشى بعض المؤسسات الحكومية بسبب تفوق نظيراتها الأجنبية وتتغير عادات السكان في هذه المناطق نتيجة الاختلاط بالسياح. *(1)*

الورقة 2 الكتابة

- ناقش المعايير المستخدمة في تقييم كتابة النص السردي مع الطلبة. (كذلك راجع معايير كتابة النص الوصفي)

معيار تقييم كتابة النص السردي (25 درجة)

اللغة	الدرجة	✓	المحتوى	الدرجة	✓
- استخدام جمل بسيطة ومركبة بطلاقة **دائمًا**. - استخدام مفردات **دقيقة ومؤثرة ومتنوعة وفعالة بشكل دائم**، تعكس فحوى النص وتجذب اهتمام القارئ. - الجمل دقيقة من حيث قواعد النحو والإملاء واستخدام علامات الترقيم صحيحة.	*12-11*		- سرد أحداث متشابكة ومعقدة. النص يتضمن تفاصيل أو رسالة ضمنية (ما يجول في نفس الشخصيات مثلا) و سرد ذكريات الماضي قبل بداية القصة. - الجمل مفصلة ومعبرة عن الأحداث من خلال استخدام علامات الترقيم والفقرات واستخدام الحوار بين الشخصيات **كلما تطلب الأمر** والجمل غير مكررة.	*13-11*	

- استخدام جمل بسيطة ومركبة بطلاقة **في معظم الأحيان**. - استخدام مفردات **دقيقة ومؤثرة ومتنوعة**، تعكس فحوى النص وتجذب اهتمام القارئ. - الجمل دقيقة من حيث قواعد النحو وقد يكون هناك بعض الأخطاءالإملائية وبعض الأخطاء في استخدام علامات الترقيم.	10-9		- هناك سرد لتفاصيل وأحداث مثيرة للاهتمام. قد يتضمن النص تفاصيل أو رسالة ضمنية (ما يجول في نفس الشخصيات مثلًا) و سرد ذكريات الماضي قبل بداية القصة. - الجمل معبرة عن الأحداث بشكل عام من خلال استخدام علامات الترقيم والفقرات واستخدام الحوار بين الشخصيات **في بعض الأحيان**. قد تتكرر بعض الجمل.	10-9	
اللغة	**الدرجة**	✓	**المحتوى**	**الدرجة**	✓
- استخدام جمل بسيطة ومركبة بطلاقة **في بعض الأحيان**. - استخدام مفردات **دقيقة** تعكس فحوى النص وتجذب اهتمام القارئ. - الأخطاء النحوية والإملائية قليلة جدًا في الجمل المركبة **وبعض** الأخطاء في استخدام علامات الترقيم التي لا تعيق فهم الجمل.	8-7		- سرد القصة واضح من خلال كتابة تفاصيل لا بأس بها عن شخصيات ومكان وزمان القصة. - بعض الجمل تصف الجو السائد وهناك سرد قد لا يكون مترابطًا بشكل مستمر ولكنه واضح. هناك أيضًا استخدام جيد للفقرات وعلامات الترقيم. الجمل واضحة وغير متكررة.	8-7	
- الجمل بسيطة جدًّا وفيها بعض التفاصيل مع وجود محاولات لاستخدام جمل مركبة. - استخدام مفردات **عامة** تعكس فحوى النص. - **بعض** الأخطاء النحوية والإملائية **وبعض** الأخطاء في استخدام علامات الترقيم.	6-5		- هناك جهد أكبر لسرد الشخصيات والأماكن عوضًا عن المكونات الأخرى (اقرأ ما في الأعلى). - بعض الجمل تعكس أحداث القصة والجمل مترابطة في بعض الأحيان وقد يسودها الغموض بسبب قلة التفاصيل أو عدم استخدام علامات الترقيم. قد تكون بعض الجمل غير واضحة أو متكررة.	6-5	
- الجمل بسيطة جدًّا وفيها بعض التفاصيل. - استخدام مفردات **بسيطة**. - **العديد من** الأخطاء النحوية والإملائية وسوء استخدام علامات الترقيم.	4-3		- سرد بسيط للأحداث بوجود مقدمة وعرض وخاتمة ومحاولات لسرد بعض الأحداث. - التركيز على حدث صغير في القصة وسياق استخدام للحوار غير واضح. معظم الجمل بسيطة.	4-3	
- الجمل بسيطة وغير واضحة المفردات. - استخدام مفردات **محدودة**. - **مليء** بالأخطاء النحوية والإملائية وسوء استخدام علامات الترقيم.	2-1		- سرد بسيط جدًّا للأحداث والقليل من المعلومات فقط تدل على مقدمة وعرض وخاتمة القصة ولكن باقي النص غير واضح. - هناك أمثلة قليلة جدًّا لجمل مترابطة. النص بشكل عام غير واضح والمحتوى ليس له علاقة بأحداث القصة.	2-1	
- الجمل غير مفهومة المعنى. - **مليء بشكل تام** بالأخطاء النحوية والإملائية وسوء استخدام علامات الترقيم.	0		المحتوى ليس له علاقة بمتطلبات السؤال.	0	
الدرجة النهائية:					

- اطلب من الطلبة عمل تقييم ذاتي أولًا بالنظر إلى هذه المعايير.
- قم بتقييم عملهم وأعطهم بعض النصائح لتحسين مستوى الكتابة.

الفصل الخامس
الوحدة الأولى - الحياة المدرسية

أهداف الوحدة
مع نهاية هذه الوحدة، يحقق معظم الطلاب ما يلي:

- التعرف على أهم خصائص النص السردي.
- التعرف على معاني الكلمات من خلال سياق استخدامها وتوظيفها عند الكتابة.
- تحديد الموضوعات في النص السردي وتحليل وتقييم ما هو مهم لأغراض محددة.
- فهم وشرح ومقارنة المعاني الضمنية في النص.
- فهم تركيب النواسخ (كان وأخواتها - إن وأخواها) وتوظيفها عند الكتابة.
- فهم زيادة الحروف وحذفها واستخدامها بشكل دقيق عند الكتابة.
- كتابة نص سردي ممتع.

نشاط تمهيدي:
يهدف هذا النشاط إلى تهيئة الطالب للدرس وتحفيزه على مناقشة دور المدرسة في حياة الطالب وبناء شخصيته. كذلك يهدف هذا النشاط إلى تحفيز الطالب على التفكير في أسلوب النص السردي ومفرداته.

اطلب من الطلاب قراءة أسئلة التمهيد، وأعطهم الفرصة لتبادل الآراء حول الموضوع ومناقشته، ثم اسأل بعض الطلبة عن رأيهم.

- ما دور المدرسة في حياتك بشكل عام؟ ناقش في مجموعة صغيرة.
- هل للمدرسة دور في بناء شخصيتك؟ كيف؟ اكتب جميع العوامل التي ساهمت بها المدرسة في بناء شخصيتك.

إجابات كتاب الطالب:

التدريب الأول
يهدف هذا النشاط إلى تشجيع الطالب على قراءة النص لتكوين فكرة عنه، وفهم وجمع معانٍ صريحة، ومقارنة المعاني، وفهم مجموعة من المفردات المناسبةً واستخدامها.

أ.
- التكيف الاجتماعي: التعايش الاجتماعي
- لين: تَسَاهُل
- تأنيب: محاسبة أو لوم
- يستفحل: يتفاقم
- هواجس: ظنون
- مسعاها: جهدها

ب.

1. بهدف رفع مستوى شخصيات أبنائه من الصغر، ليصبحوا أعضاء صالحين في هذا المجتمع ومنتجين فيه، إذ إن المدرسة هي المحيط الثاني الذي يتواصل فيه نمو الطفل وإعداده **للحياة المستقبلية**.

2. للمعلم المربي دور هام فيما يتعلق بالنواحي المعرفية والثقافية لأن التلميذ يقلد أساليب السلوك والصفات الشخصية للمعلم، كذلك يؤثر المعلم في ميول التلميذ واتجاهاته العقلية نحو الهوايات والآداب والذي يساهم بشكل كبير في خياراته المستقبلية. وأخيرًا، يشكل المعلم قدوة للنواحي الثقافية والخلقية ويستمد منه الطفل نموذجًا يساعده على أن يسلك سلوكًا مشابهًا.

3. أولًا: النجاح يتبعه عادة تقدير ورضا الغير وشعور بالارتياح والثقة بالنفس.
   ثانيًا: أما الرسوب والفشل المتكرر فيتبعه عادة تأنيب النفس ونقد الغير وعدم الشعور بالارتياح والرضا.

4. ذهب الكاتب إلى وصف المدرسة الناجحة بالتي تراعي ظروف الأسرة المادية والاجتماعية وتكون عادلة في معاملاتها للطلبة، فلا يشعر فيها أحد بالتفريق. كما ذكر الكاتب أن العلاقة الوثيقة بين البيت والمدرسة تساعد الآباء في تقديم المساعدة الدراسية لأبنائهم أو فهم بعض السلوكيات التي قد تواجه أولادهم، وبهذه العلاقة الوثيقة يتحقق التوافق النفسي والاجتماعي للطفل.

5. اقبل إجابات متنوعة على أن تشمل أنه يمكن للآباء والأمهات، حسب خبراتهم وآرائهم، أن يشاركوا في العمل المدرسي، وأن يقوموا بدور في إحداث تغييرات مرغوبة في المناهج.

6. اقبل إجابات متنوعة على شرط أن تطبق شروط التلخيص التي تم ذكرها سابقًا.

القواعد (النواسخ)
يهدف هذا الصندوق إلى تلخيص أحكام النواسخ (كان وأخواتها وأن وأخواتها) وتأثيرها في الجملة حيث تدخل على الجملة الاسمية المكونة من المبتدأ والخبر فتنسخ حكمهما أي تغيره.

يذكر المعلم الطالب بأهمية تطبيق التغيرات التي تحدث في الجملة بعد استخدام النواسخ عند الكتابة، كي يصل إلى الاستخدام الدقيق والفعال للتراكيب النحوية والجمل.

التدريب الثاني
يهدف هذا النشاط إلى تعزيز قدرة الطالب اللغوية في استخدام الأنواع المختلفة من النواسخ وتطبيق التغيرات اللازمة على الجملة التي تليها.

1. أدخل كان على كل جملة من الجمل الآتية، وشكل آخر كل كلمة فيها:

   - كان الحر شديدًا.
   - صار الثوبُ طويلًا.

- ليس العاملُ قويًّا.
- أصبح الجوُ مشمسًا.
- أمسى الطفلُ متعبًا.

2
- إن التعليمَ <u>واجبٌ</u>.
- الكتابُ مُفيد لكنَّ الصُّورَ <u>صغيرةٌ</u>.
- لعلَّ <u>الروايةَ</u> رخيصةٌ.
- كأنَّ <u>العلمَ</u> نورٌ.
- ليتَ <u>الهاتفَ</u> مسموحٌ به في المدرسةِ.

3 خرج سعيد ومعه ابنه الصغير لاستلام نتائج الامتحانات لعامة وكان الأبُ بخيلًا، وكان <u>الجوُ مشمسًا وجميلًا</u>. وبينما هما سائران تغير الجو فجأة، فصارت <u>السماءُ ملبدةً</u> بالغيوم، وأضحى <u>البردُ قارسًا</u>، وباتت <u>أسماءُ متدفقةً</u> بمطر غزير... فقال الولد: لا تحزن يا أبي، <u>فليس ابنُكَ غبيًّا</u>، لقد ذهبت إلى البيت حافيًا وعُدت حافيًا.

التدريب الثالث

1
أ. ذهب <u>طالبا</u> العلم إلى الجامعة. طالبان
ب. <u>مُصمِّمو</u> قريتنا مبدعون. مصممون
ج. تعاون <u>معلمو</u> المدرسة على كتابة الأسئلة. معلمون
د. <u>عجلتا</u> الدرّاجة قويتان. عجلتان
هـ. احتفل <u>خريجو</u> الجامعة بتفوقهم. خريجون

2 شجع الطلبة على كتابة جمل متنوعة، ولخلق تحدٍّ بين الطلبة، اطلب ربط الجمل بحيث تكوّن الإجابات نصًا مترابطًا من ناحية المعنى والسياق.

التدريب الرابع

يهدف هذا النشاط إلى تهيئة الطالب للدرس وتحفيزه على المشاركة في النقاش وتبادل الآراء والمعلومات العامة حول المتاحف على أساس أنها طريقة تعلم خارج المدرسة. كذلك يهدف هذا النشاط إلى تحفيز الطالب على التفكير في ميزات النص السردي.
أعط الطلبة وقتًا كافيًا لمناقشة النقاط المطروحة، ثم اطرح عليهم الأسئلة الموجودة لتبادل الآراء.

التدريب الخامس

يهدف هذا النشاط إلى تحفيز الطالب على فهم وجمع بعض المعاني الصريحة وتحديد وتقييم ما هو مهم لأغراض محددة.

التدريب السادس

يهدف هذا النشاط إلى تشجيع الطالب على فهم مجموعة من المفردات.

1
- ميادين: مجالات.
- تُنمّي: تزيد.
- الوعي الحضاري: إدراك الفرد مسؤوليته في دفع عملية النهضة.
- المخطوطات: الكتب المكتوبة بخط اليد.
- محددة: معينة.
- تلقين: تفهيم.
- آفاق: مجالات.

2
- تنمي لديهم حب العلم والمعرفة وتحثّهم على العمل والإبداع.
- ليتيح لهم فرصة التأمل بعمق والتفكير بحرية والاستنتاج برغبة ودقة (يساعدهم على حسن تكوين شخصياتهم وتنمية طاقاتهم الفكرية وتنمية الحس الجمالي والذوق الفني والوعي الحضاري لديهم) (وتكشف طاقاتهم وتنمي ميولهم وهواياتهم وتثير لديهم حب التخصص والرغبة في القيام بمحاولات الابتكار والإبداع) (كذلك تسهم في زيادة معلوماتهم التاريخية والجغرافية والعلمية والفنية والأدبية).
- اقبل طرق التلخيص باختلافها على أن تكون موافية لشروط التلخيص التي تعلمها الطالب.
- أولًا: المتحف والمدرسة باعتبارها مؤسستين تعليميتين تربويتين. ثانيًا: إذا كان لكل مدرسة شروط خاصة تتعلق بقبول الطلاب والتلاميذ كالسن والشهادة والعلامة، فإن المتحف يعد مركزًا ثقافيًّا تربويًّا يفتح أبوابه للجميع دون شروط. ثالثًا: إذا كان التعليم يتم في المدارس بقاعات محددة، فإن التعليم في المتاحف يسمح بالتجوال والتنقل والحوار، مما يتيح للطلاب والتلاميذ الشعور بحرية التفكير والتأمل، اقبل شرح إحدى النقاط بشرط عدم النسخ المباشر من النص الأصلي أو إضافة معلومات غير مذكورة.
- لعكس أهمية المتاحف في ترسيخ المعرفة لدى الطالب، فعوضًا عن القراءة عن تاريخ المشاهير وأشهر الحضارات فإنهم في المتحف يشاهدون صور هؤلاء الأشخاص وبقايا الحضارات.

التدريب السابع

يهدف هذا النشاط إلى تنظيم الأفكار والآراء. كذلك يهدف إلى فهم واستخدام مجموعة من المفردات المناسبة، والطلاقة في سرد تجربة ما، والتعبير عما مَرَّ من أفكار وشعور وتخيّل. شجع الطلبة على الإجابة عن الأسئلة المطروحة بالتفاصيل. شجع الطلبة على البحث عبر شبكة الإنترنت عن متاحف تعليمية لمساعدتهم على جمع المعلومات وتحفيز خيالهم عند وصف الأماكن. شجع الطلاب على تقييم مقال زميلهم بكتابة بعض النقاط الإيجابية مع وضع مثال/أمثلة وتوضيح السبب. يمكنك أيضًا إضافة طلب كتابة نصيحة تساعد صاحب المقال على رفع مستوى عمله. هنا يمكنهم الاستعانة بجدول معيار تقييم كتابة النص السردي الموجود في نهاية الفصل الرابع.

إجابات كتاب التدريبات:

التدريب الأول
يهدف هذا النشاط إلى تهيئة الطالب للنشاط وتحفيزه لمناقشة فترة الحياة المدرسية للكاتب أحمد أمين. ويهدف هذا التدريب كذلك إلى تحفيز الطالب على تقييم مدى فهمه لأسلوب النص السردي وبنائه وذلك عن طريق التوقع قبل القراءة.

اطلب من الطلاب قراءة أسئلة التدريب، وأعطهم الفرصة لتبادل الآراء حول الموضوع ومناقشته، ثم اسأل بعض الطلبة عن رأيهم.

- هذا النص يناقش فترة الحياة المدرسية للكاتب أحمد أمين. اطلب من الطلاب توقع نوع النص، هل هو (جدلي/سردي/وصفي...) ولماذا (ما خصائصه)؟
- ما الذي سيتطرق إليه النص؟ اكتب جميع الأفكار التي قد يتطرق إليها النص على ورقة.

التدريب الثاني
1. اطلب من الطلاب قراءة النص مرتين على الأقل.
2. اطلب من الطلاب استخدام المعجم لاستخراج الكلمات والتعابير غير المفهومة وكتابتها في الدفتر.
3. اطلب من الطلبة قراءة أكثر الكلمات غرابة بصوت عال أمام الصف.

- القراءة المتكررة هي استراتيجية فعالة يمكن استخدامها حين يتفاوت مستوى الطلاقة في القراءة بين الطلبة، وتعمل بشكل أفضل حين تطبق على مجموعات صغيرة حيث يستمع بعض الطلاب إلى بعض.
- استخدام المعجم لاستخراج كلمات بديلة وقراءتها أمام الصف سيثري الطلاب بخيارات المترادفات.

التدريب الثالث
يهدف هذا التدريب إلى تشجيع الطالب على تقييم فهمه عن طريق مقارنة إجابته قبل قراءة النص وبعدها.

1. اطلب من الطلاب تدوين ملاحظاتهم حول المقارنة بين التوقعات التي ذكروها في التدريب 1 ومحتوى النص، والأمور المتشابهة بين إجابتهم والنص، وإن كان المؤلف قد تطرق إلى أمور لم يذكروها في دفترهم.
2. اطلب من الطلاب تبادل بعض النقاط مع زملائهم في الفصل.

التدريب الرابع
هات أضداد الكلمات التي تحتها خط:
1. جَديدٌ، حَديثٌ
2. رقيقة
3. يلينوا
4. مريض
5. أطْمَئِنّ

التدريب الخامس
اقبل إجابات متنوعة على أن توافق المطلوب.

التدريب السادس
إجابات متوافقة مع ما ورد في النص.

التدريب السابع
إجابات محتملة.

1
المثال الأول: كانت بعيدة
المثال الثاني: كان لوحي جديدًا

2
المثال الأول: أن الحجرة واسعة أو ضيقة
المثال الثاني: أن سيدنا لين أو شديد

التدريب الثامن
يهدف هذا التدريب إلى تشجيع الطلبة على استخدام النواسخ في الجمل الوصفية.

- اطلب من الطلاب مراجعة النواسخ في كتاب الطالب.
- اقبل جملًا متنوعة.
- شجع الطلاب على استخدام النواسخ عند كتابة النصوص وخاصة الوصفية.

التدريب التاسع
- اقبل جملًا متنوعة.
- شجع الطلاب على استخدام المعجم لكتابة مفردات وصفات جديدة لم يستخدموها من قبل.

التدريب العاشر
- اطلب من الطلاب مراجعة فقرة الإملاء في كتاب الطالب.
- اقبل جملًا متنوعة.
- شجع الطلاب على استخدامها عند كتابة النصوص.

التدريب الحادي عشر
التلاميذ ذهبوا، مدرّسي، دعوا أصدقاءهم، إليهم، وصلوا، التلاميذ زاروا، وشاهدوا، ولكنهم، يدخلوا، التلاميذ، كانوا يرجون.

التدريب الثاني عشر
يهدف هذا النشاط إلى تحفيز الطالب على الطلاقة في سرد تجربة ما والتعبير عن تفاصيل تلك التجربة.

1. شجع الطلاب على قراءة معيار تقييم كتابة النص السردي بدقة.
2. اطلب من أحد الطلاب أن يقرأ مقاله أمام الفصل وعلى باقي الطلاب الإنصات والاستماع إلى مقال زميلهم.
3. شجع الطلاب على تقييم مقال زميلهم بكتابة بعض النقاط الإيجابية مع وضع مثال/أمثلة وتوضيح السبب. يمكنك أيضًا إضافة طلب كتابة نصيحة تساعد صاحب المقال على رفع مستوى عمله. (هنا يمكنهم الاستعانة بجدول معيار تقييم كتابة النص السردي والموجود في نهاية الفصل الرابع).

الفصل الخامس
الوحدة الثانية - نحو تعلم مدى الحياة

أهداف الوحدة
مع نهاية هذه الوحدة، يحقق معظم الطلاب ما يلي:

- القراءة عن أهمية التعلم مدى الحياة.
- استنتاج الأفكار الرئيسة من النصوص.
- شرح المفردات والتراكيب وتوظيفها في كتاباتهم.
- التعرف على أفعال المقاربة والشروع وتحديد اسمها وخبرها.
- التعرف على الخبر وأغراضه.
- التعرف على أقدم الجامعات في العالم العربي.
- الاستدلال على أهمية العلم والتعلم عند العرب من خلال أشعارهم.
- ممارسة مهارة التلخيص.
- إجراء بحث عن الأمية والمشاريع التي تُنفذ للقضاء عليها.

نشاط تمهيدي:
ابدأ الدرس بمناقشة أهمية العلم والتعلم ثم ناقش امبادرات المحلية لتحسين مستوى التعليم في بلدك. اسأل الطلبة "لماذا تقوم الحكومات بتخصيص مبالغ طائلة لتحسين مستوى التعليم فيها؟".
ثم اسأل "هل التعليم يتوقف عند التخرج من الجامعة؟ ولماذا؟"
اقبل جميع الإجابات وافسح المجال للجميع للنقاش وإبداء الرأي، واطلب من الطلبة استخدام اللغة العربية السليمة أثناء المناقشة.

إجابات كتاب الطالب:

التدريب الأول
1. حق التعلم.
2. مفكر، مبدع، مطلع، منفتح، مهتم، مغامر، متسائل، متوازن، متأمل، ذو مبدئ وأخلاق.
3. توفير قاعدة الإنطلاق نحو آفاق المعرفة.
4. منظمة تعليمية مجهزة بتقنيات ذكية كالألواح الذكية وأجهزة الحواسيب والأجهزة اللوحية والآيباد توائم قدرات الطالب وسرعته والأسباب التي تدفعه للتعلم ليصبح أكثر نشاطًا وإيجابية وتحمّلًا للمسؤولية.... الدعائم: تعلم لتعرف، تعلم لتعمل، تعلم لتكن، تعلم لتتبادل المعلومات مع الآخرين.
5. فقرة 5.
6. لا، بل يتعداه إلى أولياء الأمور والمعلمين.
7. تعتبر شكلا من أشكال التعلم عن بعد.
8. يدير المعلم النقاش و يطلب من الطلبة كتابة آراءهم.

9. تغليب الجانب المعرفي على الجانب التربوي، والنقص في إشباع الحاجات النفسية والروحية، وصرف جهود الطلاب وأوقاتهم في النواحي الشكلية والتنظيمية على حساب جودة العمل، والمبالغة في توفير البيانات الافتراضية، وقلة معايشة الطالب للواقع الاجتماعي والممارسات الطبيعية، والنفقات المترتبة بسبب الصيانة والتحديثات وشراء البرامج.

10. يشجع المعلم الطلبة على البحث عن الروابط والعلاقات بين القول وما جاء في النص.

التدريب الثاني
- تفاعل دراسي: علاقة بين المعلم والمتعلم والمدة الدراسية.
- المدرسة الذكية: هي منظمة تربوية تعليمية يتسم نظامها بالحيوية والتفاعل مع البيئة المحيطة بطريقة فعالة ومزودة بأحدث وسائل التكنولوجيا المعلوماتية.
- الجامعة الافتراضية: مؤسسة أكاديمية تهدف إلى تأمين أعلى مستويات التعليم العالي للطلاب في أماكن إقامتهم بواسطة الشبكة العالمية، وذلك عن طريق إنشاء بيئة تعليمية إلكترونية متكاملة تعتمد على شبكة متطورة.
- الألواح الذكية: شاشة عرض (لوحة) إلكترونية حساسة بيضاء يتم التعامل معها باستخدام حاسة اللمس (بإصبع اليد أو الأقلام الرقمية أو أي أداة تأشير) ويتم توصيلها بالحاسب الآلي وجهاز عارض البيانات data show حيث تعرض وتتفاعل مع تطبيقات الحاسب المختلفة المخزنة على الحاسب أو الموجودة على الانترنت سواء بشكل مباشر أو عن بُعد.
- الطلاقة الرقمية: تطوير المهارات في التعامل مع العلم الرقمي بفعالية من حيث الاستهلاك والاستنتاج.
- العولمة: جعل الشيء عالميًا أو جعل الشيء دولي الانتشار في مداه أو تطبيقه في مجالات مختلفة كالصناعة والتجارة والتعليم وغيرها.
- البيانات الافتراضية: هي المعاملات التي تتم عن طريق الآلة أو وسيط إلكتروني بداية من آلة الصراف الآلي، ووصولًا إلى جهاز الحاسب الآلي.
- التعلم الذاتي: عملية إجرائية مقصودة يحاول فيها المتعلم أن يكتسب بنفسه دون معلم القدر المتقن من المعارف والمفاهيم والمبادئ والاتجاهات والقيم والمهارات مستخدمًا و مستفيدًا من التطبيقات التكنولوجية كما تتمثل الكتب المبرمجة ووسائل وآلات التعليم والتعيينات المختلفة.

التدريب الثالث
1. <u>أوشك الخير أن</u> يعم.
2. <u>أخذ العمال ينظفون</u> أرض الملعب.
3. <u>جعل الأب يقرأ</u> الصحيفة صباحًا.
4. <u>تكاد السحب تنقشع</u>.
5. <u>كرب الشهر ينقضي</u>.

Cambridge IGCSE Arabic as a First Language

6 عسى الرجل أن يكره شيئًا وفيه خير.
7 حري المريض أن يشفي.
8 اخلولق المهمل أن يجتهد.
9 هب القوم يتسابقون.
10 جعلوا يتصافحون.
11 طفق الرجل يحصد المحصول.
12 بدأ الفريقان يتباريان.
13 شرع اللاعب يركض.

البلاغة
يذكر المعلم للطلبة أنواع الخبر وفق ما يقتضيه ظاهر حال المخاطب:
1 فإذا كان خالي الذهن ألقي إليه الخبر خاليًا من المؤكدات، ويسمى ذلك ضربًا ابتدائيًا (ابن سينا عالم عربي).
2 وإذا كان مترددًا بين قبول الخبر وعدم قبوله جاء الخبر مؤكَّدا بمؤكِّد واحد، ويسمى ذلك ضربًا طلبيًا (إنّ استعمال الأسطورة في الشعر العربي ليس جديدًا على الأدب العربي).
3 وإذا كان منكرًا الخبر معتقدًا خلافه ألقي إليه الخبر مؤكَّدا بمؤكدين أو أكثر بما يناسب درجة إنكاره، ويسمى ذلك ضربًا إنكاريًا (إنّ شيئا فيه السمع والبصر لحقيق بالصون).
4 قد يأتي الخبر على صورة تخالف ما يقتضيه ظاهر حال المخاطب، ويسمى هذا خروج الخبر عن مقتضى الحال. (لوالديك عليك حق).
- ملاحظة: المؤكدات كثيرة منها: إنّ، أنّ، لام الابتداء، نونا التوكيد، القسم، قد (التحقيق)، أحرف التنبيه (ألا، هلّا...)، الباء الزائدة.

التدريب الرابع
1 فائدة الخبر
2 لازم الفائدة
3 فائدة الخبر
4 فائدة الخبر
5 لازم الفائدة

التدريب الخامس
أ. جميع الأبيات تعرض أهمية اكتساب العلم والمحافظة عليه ومكانة المتعلم.
ب. يدير المعلم نقاشًا حول أهمية اكتساب العلم.
ج. يدير المعلم نقاشًا حول مواصفات طالب العلم ويربط بينها وبين ما ورد في النص.
د. أهمية ومكانة العلم.

التدريب السادس
استخدم سلم التقدير اللفظي لتقييم كتابات الطلبة وزودهم بملاحظات بناءة تفيد في تحسين أدائهم، ثم اطلب منهم إعادة أعمالهم حسب ملاحظاتك.

التدريب السابع
اطلب من الطلبة أن يختاروا أية وسيلة يرونها مناسبة لعرض معلوماتهم مثل العرض التقديمي أو لوحة تعليمية أو غيرها، ولكن حاول ألا تقترح أي اسلوب وشجعهم على استخدام و سائل جديدة وإبداعية.

إجابات كتاب التدريبات:

التدريب الأول
يقبل المعلم الجمل المتعددة ويصحح الأخطاء. يشجع المعلم الطلبة على استخدام المفردات في سياق مختلف عما ورد في النص ويشجعهم كذلك على توسيع نطاق استخدامها.

التدريب الثاني
يدير المعلم النقاش حول إيجابيات وسلبيات التعلم الإلكتروني ويطلب منهم كتابة أهم الآراء.

التدريب الثالث
1 كاد
2 عسى
3 شرعت
4 أخذت
5 بدأ
6 أوشكت

التدريب الرابع
1 السيولُ	2 يحصدان	3 المعلمُ
4 القوانينَ	5 أن ينفدَ/أن يغيضَ	6 أن ينتهيَ/ينقضيَ
7 المريضُ	8 المتبارون	9 يذوبُ

التدريب الخامس
استخرج من الأبيات الآتية (أفعال المقاربة والشروع والرجاء) وبين اسمها وخبرها:
1 عسى الكرب الذي أمسيتُ فيه ... يكونُ وراءَهُ فرجٌ قريبُ
2 ولو سُئِل الناسُ التُّراب لأوشكوا ... إذا قيل هاتوا، أن يَمَلُّوا ويَمْنَعوا
3 كَرَبَ القلبُ من جَواهُ يذوبُ ... حين قال الوُشاةُ:هِنْدٌ غَضوبُ
4 يوشك من فرَّ من مَنِيَّتِهِ ... في بعض غَرَّاتِهِ يُوافِقُها
من: اسم موصول مبني في محل رفع اسم يوشك
5 إذا جهل الشقي ولم يقدر ... ببعض الأمر أوشك أن يصابا
اسم أوشك ضمير مستتر تقديره هو
6 عسى الله بعد النأي أن يصقب النوى ... ويجمع شمل بعهدها وسرور

التدريب السادس

1. أخذ: ناقص
2. أنشأ: ناقص
3. بدأت: ناقص
4. يوشك: ناقص
5. بدأ: تام
6. جعل: تام
7. كاد: ناقص
8. هبّ: ناقص

التدريب السابع

إلام خرج الخبر في الجمل الآتية:

1. الحسرة والأسى
2. الفخر
3. التحقير
4. الحسرة
5. الوعظ الإرشاد

التدريب الثامن

تقييم النصوص حسب سلم التقدير المذكور سابقًا.

التدريب التاسع

حسب ما ورد بالنصوص.

التدريب العاشر

وجه الطلبة إلى سؤال أجدادهم كبار السن ليحدثوهم عن وجهة نظرهم في التعلم وطرائقه والعوائق التي واجهتهم وتواجههم في تعلم التكنولوجيا الحديثة، التزم باحترام جدك وآرائه.

يمكن أن تشجع على أن يستضيف أحد الطلاب جده من أجل عرض تجربته.

التدريب الثاني عشر

يتناقش الطلبة في بيت الشعر، ويكون الطالب الخريطة الذهنية التي تحدد الأفكار التي سيناقشها في موضوعه، وجه الطلبة إلى ضرورة مناقشة الفكرة والإسهاب فيها ليتدرب على كتابة كلمات أكثر.

الفصل الخامس
الوحدة الثالثة ـ كيف تختار مهنة المستقبل؟

أهداف الوحدة
مع نهاية هذه الوحدة، يحقق معظم الطلاب ما يلي:

- قراءة موضوعات عن مهنة المستقبل قراءة متأنية صامتة وجهرية.
- تحديد الأفكار الرئيسة لكل نص.
- إنشاء موضوعات جديدة تتضمن الأفكار الرئيسة الواردة في النص.
- توظيف المفردات المستخدمة في النص في جمل من إنشائهم.
- التعرف على المجرورات من الأسماء (المجرور بحرف الجر والإضافة).
- التعرف على أسلوب الإنشاء.
- تلخيص بعض النصوص.
- التعرف على مهارات كتابة السيرة الذاتية.
- كتابة سيرة ذاتية للتقدم لمهنة ما.

نشاط تمهيدي:

- اعرض الوظائف الحديثة التالية على الطلبة: مبرمج تطبيقات للهاتف الذكي، خبير تسويق إلكتروني، مدير شبكة التواصل الاجتماعي، متخصص التخزين الحسابي، مدرب زومبا، ثم اطلب منهم أن يناقشوا العامل المشترك بينها. دعهم يستنتجوا أنها جميعًا وظائف حديثة لم تكن موجودة قبل 10 سنوات. اسأل الطلبة عن مدى تأثير تطور الوظائف في اختيارهم لوظيفة المستقبل. اطلب من الطلبة أن يقوموا بذكر وظائف لا يعمل بها أحد حاليًا.
- اسأل الطلبة أسئلة التمهيد وافسح المجال لمشاركة جميع الطلبة في النقاش.

إجابات كتاب الطالب:

التدريب الأول

1. عد إلى الفقرة الأولى.
2. إن اختيار المهنة التي تتناسب مع ميولنا من شأنه أن يساعد على تحقيق الذات، ويساهم في تطوير الطموحات الاجتماعية والاقتصادية ويتيح الفرصة لممارسة المهنة بمتعة وإتقان.
3. متطلبات المهنة والقدرات البدنية.
4. يتيح المعلم الفرصة للطلبة لتقديم آرائهم وربطها بما جاء في النص.
5. لأن بعض التخصصات لها متطلبات خاصة يجب تحقيقها مسبقًا، كدراسة مواد معينة قبل إنهاء دراسة الثانوية العامة، إذ توفر بعض البرامج الدراسية الفرصة لاختيار مواد عديدة، مثل مواد في العلوم الحياتية المتخصصة.

التدريب الثاني

- مهنة: صنعةٌ بها مهارةٌ وجذقٌ بممارستها، نوع العمل الذي يمارسه الإنسان: مِهْنة الحِياكة/الصِّحافة.
- قدوة: من يتخذه الناس مثلا ويقلدونه في أخلاقه وسماته، أسوة: من يتّخذه الناسُ مثلاً في حياتهم.
- الميول الشخصية: ما يدل على اتجاهات شخص معيّن ويحدد طبعه وذوقه.
- الميول المهنية: الرغبة أو الميل لمهنة معينة.
- القدرات البدنية: قوّة جسم العامل التي تمكنه من أداء واجبات وأعمال معيّنة.
- البطالة: وجود أشخاص بلا عمل على الرغم من مقدرتهم على القيام به بسبب عدم توافر الفرص.

القواعد

- راجع معاني أحرف الجر مع الطلاب، واطلب منهم أن يأتوا بأمثلة عليها.
- ذكر الطلاب بالفرق بين الإضافة المعنوية والإضافة اللفظية.
- الإضافة المعنوية:
- هي التي يكتسب بها المضاف التعريف أو التخصيص مثل قولنا (ساحة المدرسة) فـ (ساحة) اكتسبت التعريف لأن المضاف إليه (المدرسة) معرفة.
- الإضافة اللفظية:
- هي التي لا يكتسب منها المضاف لا تعريفًا ولا تخصيصًا، لا يكتسب سوى التخفيف اللفظي بحذف التنوين أو النون إذا كان مثنى أو جمع لذا سميت بـ (اللفظية) ولا تكون هذه الإضافة إلا إذا جاء الاسم الأول (المضاف) وصفًا مشابهًا للفعل المضارع (اسم فاعل: كاتب، اسم مفعول: مكتوب، صيغة مبالغة: كذاب، صفة مشبهة: جميل.)

التدريب الثالث

أ)

1. يقطعُ النجار الخشبَ بالمنشار.   الباء: الاستعانة
2. رأيتُ الطائرَ في القفصِ.   في: الظرفية المكانية
3. للبستانِ بابان وعلى كلِ باب حارس.   اللام: الملكية، على: الاستعلاء المجازي
4. سافرت من دمشقَ إلى عمانَ   من: ابتداء الغاية المكانية، إلى: انتهاء الغاية المكانية
5. وجه الفتاة كالبدر   الكاف: التشبيه
6. أنفقت المال لنيلِ الأجر   اللام: التعليل
7. عفوت عن المسيءِ   عن: المجاوزة
8. رب أخٍ لم تلده أمك   رب: التكثير، لم: النفي

ب) الأسماء المجرورة التي تحتها خط في الأعلى وعلامة الجر الكسرة ما عدا دمشق و عمّان لأنهما ممنوعتان من الصرف.

ج) باب، الفتاة، الأجر، الكاف في أمك.

التدريب الرابع

1 نداء، 2 استفهام، 3 نهي، 4 أمر، 5 تمني، 6 قسم

التدريب الخامس

قم بتقييم أعمال الطلبة كالمعتاد واطلب منهم تعديل كتاباتهم بناء على الملاحظات التي زودوا بها.

التدريب السادس

اطلب من الطلبة استخدام القوالب الجاهزة الموجودة في برنامج "مايكروسوف ورد" لتساعدهم على كتابة سيرتهم الذاتية.

إجابات كتاب التدريبات:

التدريب الأول

يقبل المعلم الجمل لمتعددة ويصحح الأخطاء. يشجع المعلم الطلبة على استخدام المفردات في سياق مختلف عما ورد في النص ويشجعهم كذلك على توسيع نطاق استخدامها.

التدريب الثاني

1 في، 2 على 3 عن، 4 ل، 5 ك،
6 إلى، 7 من، 8 بـ

التدريب الثالث

1 السمعةِ/الناسِ
2 اثنينِ
3 الكاف في أبيكَ
4 الجامعةِ
5 البيتِ
6 التربيةِ/المناهجِ
7 طبيبِ/الأسنانِ/ستةِ/أشهرٍ
8 الموظفين
9 المهمل
10 الأطفال

التدريب الرابع

المضاف: طه/أهم/كتاب/عميد/بصر/عمر/دراسة/شهادة/منصب/وزير/أهم/مؤلفات/هامش/حديث

المضاف إليه: حسين/كتاب/السيرة/الأدب/الهاء/الهاء/الهاء/الدكتوراه/وزير/الثقافة/مؤلفات/الهاء/السيرة/الأربعاء.

التدريب الخامس

اسم مجرور بحرف الجر مضاف إليه

1 بصُرتَ بالراحةِ الكبرى فلم ترها	تُنال إلا على جسرٍ من التعبِ
2 يُغضي حياء، ويُغضى من مهابته	فما يُكلّم إلا حين يبتسم
3 طَربْتُ وما شَوْقًا إلى البيْضِ أطْرَبُ	وَلَا لَعِباً مِنّي أذو الشَّيْبِ يَلْعَبُ
4 والريحُ تَعْبَثُ بِالْغُصونِ وقد جَرَى	ذَهَبُ الأَصِيلِ على لُجَيْنِ الْمَاءِ
5 ولَيْلٍ كَمَوْجِ البَحْرِ أَرْخَى سُدُولَهُ	عَلَيّ بِأَنْوَاعِ الهُمُومِ لِيَبْتَلِي
6 يا أبا الأَسوَدِ لِمَ خَلَّيْتَني	لِهمومٍ طارقاتٍ وذكرٍ
7 وَردٌ إذا وَرَدَ البُحَيرَةَ شارِباً	وَرَدَ الفُراتَ زَئيرُهُ وَالنيلا
8 قِفا نَبكِ مِن ذِكرى حَبيبٍ وَمَنزِلِ	بِسِقطِ اللِوى بَينَ الدَخولِ فَحَومَلِ
9 إذا المَرءُ لَم يُدنَس مِنَ اللُؤمِ عِرضُهُ	فَكُلُّ رِداءٍ يَرتَديهِ جَميلُ

التدريب السادس

1 حبذا: المدح
2 يا لله: تعجب
3 بئس: الذم
4 فوالله: قسم

التدريب السابع

1 لعل: غير طلبي/الرجاء
2 هل العين: طلبي/الاستفهام
3 لعمري: غير طلبي/القسم
يا ليت: طلبي/تمني
يا: طلبي/نداء
كيف: طلبي/استفهام
4 اكذب: طلبي/الأمر
5 أعاذل: طلبي/استفهام
ما أدنى: غير طلبي/تعجب
6 لا تحسبوا: طلبي/نهي
7 والله: غير طلبي/قسم

التدريب الثامن

1 ليت لي: التمني
2 أبنيتي: للنداء
3 يا أمتا: النداء، لا تجزعي: النهي
4 أجيبا/تمنيا: أمر

التدريب التاسع

اطلب من الطلبة قراءة النص قراءة صامتة ثم اطلب منهم أن يناقشوا النص في مجموعات. اطلب من كل مجموعة مقارنة مهنة الصيد بين القديم والحديث.

الأسئلة:

1 مهنة الصيد
2 إجابات متنوعة

التدريب العاشر - التدريب الثاني عشر

اطلب من الطلبة أن يقيّموا أعمالهم الكتابية ثم قم بتقييم تقييماتهم لأنفسهم وزودهم بملاحظات بناءة.

إجابات نموذج على غرار الامتحان

الورقة 1 القراءة

1. أبو بكر بن طفيل.

2. علم التشريح، علم الفلك، علم الأحياء والطبيعة، علم اللغة.

3. لأنها تتمحور حول إثارة دوافع الإنسان نحو الطبيعة وحثه على استخدام حواسه للتعلم عن طريق أنشطة عملية عوضًا عن حفظ المعلومات.

4. التعلم الذاتي هو استخدام الملاحظة والفكر والتجربة لاكتشاف الحقائق المختلفة وهذا ما فعله حي بن يقظان؛ فقد استعمل أدوات التعلم الذاتي ليكتشف بنفسه قدح النار واستعمال الآلات والأدوات، و قيامه بتشريح الحيوانات واهتمامه بالفلك واكتشاف الحقائق الطبيعية والأحياء.

5. استعداد فطري: امتلاك الإنسان القابلية للتعلم والتفكير والاستطلاع والتجربة منذ الولادة؛ دون الحاجة إلى مرشد أو تدريب للكشف عن الحقائق والمعلومات.

6. لا، لا يمكن للعلم أن ينتهي أو يتوقف، حتى المعلم لا يمكنه الإحاطة بجميع المعارف والعلوم و يبقى علمه نقطة صغيرة في بحر العلم والبحث والمعرفة.

1. امتلاك القدرة على إيصال المعرفة.

2. ذو شخصية فكرية.

3. الإبداع في طرح المواضيع والتعامل مع الأحداث.

4. الصبر.

5. اتساع الأفق.

الورقة 2 الكتابة

إننا نجد دائمًا من يبحث عن المعرفة إيمانًا بأن العقل البشري يحتاج إلى المعرفة، ولأن الإنسان يمتلك قابلية التعلم والإدراك بالفطرة السليمة، وعلى هذا الأساس فقد تمكن (حي بن يقظان) - بطل القصة التي راجت لارتكازها على إثارة دوافع الإنسان نحو الطبيعة وتوجيهه نحو استخدام حواسه للتعلم من خلال قيامه بأنشطة عملية تمكنه من إدراك ما حوله.

لقد جرف المد (حيًّا) إلى جزيرة بعد تخلي والدته عنه، فحنت عليه ظبية وتكفلت به ورعته، فصار يحاكي الحيوانات بتصرفاتها وأصواتها حتى كبر وعرف كيف يعتمد على نفسه ويسترها ويقدح النار ويستعمل الآلات. وعرف التشريح والسماء والنجوم واستطاع بالملاحظة والتأمل الوصول إلى حقائق طبيعية، ثم لقي (آسال) الذي علمه اللغة، وكان طريقه لمعرفة بني البشر، وبدأ رحلته في تعليم الآخرين. وفي هذه القصة تأكيد على أهمية التعلم الذاتي واكتساب المعرفة.

الفصل السادس
الوحدة الأولى - فن العمارة الإسلامية

أهداف الوحدة

مع نهاية هذه الوحدة، يحقق معظم الطلاب ما يلي:

- التعرف على أهم خصائص المناظرة وأنواعها.
- التعرف على معاني الكلمات من خلال سياق استخدامها وتوظيفها عند الكتابة.
- تحديد الموضوعات في النص وتحليل وتقييم ما هو مهم لأغراض محددة.
- فهم وشرح ومقارنة المعاني الضمنية في النص.
- فهم تركيب الأسماء الخمسة وتوظيفها عند الكتابة.
- كتابة مناظرة مترابطة وجاذبة للاهتمام.

نشاط تمهيدي:

يهدف هذا النشاط إلى تهيئة الطالب للدرس وتحفيزه على المشاركة في النقاش وتبادل الآراء والمعلومات العامة حول فن العمارة الإسلامية.

(لمشاهدة الفيلم، يمكن البحث في youtube عن الحضارة العربية الإسلامية: فن العمارة أو فيلم مشابه له)

اطلب من الطلاب قراءة أسئلة التمهيد، وأعطهم الفرصة لتبادل الآراء حول الموضوع ومناقشته، ثم اسأل بعض الطلبة عن رأيهم.

- ماذا نعني بفن العمارة الإسلامية؟ اكتب ملاحظات في دفترك.
- ما الأماكن التي تشتهر بهذا الفن في بلدك أو في بلاد العالم؟
- النص التالي يتحدث عن الفن المعماري الإسلامي في إسبانيا، ما المواضيع التي تتوقع طرحها؟ ناقش واكتب ملاحظات في دفترك.

إجابات كتاب الطالب:

التدريب الأول

يهدف هذا النشاط إلى تشجيع الطالب على قراءة النص لتكوين فكرة عنه، وفهم وجمع بعض المعاني الصريحة وفهم واستخدام مجموعة
من المفردات المناسبة.

اطلب من الطلبة قراءة النص بتأنٍّ ثم كتابة جميع الكلمات الجديدة في الدفتر واستخراج معانيها باستخدام المعجم.

التدريب الثاني

- سموًّا: رُقِيّ واحترام
- الهُوية: حَقيقَة الانسان المُطْلَقَة وَصِفاتُه الْجَوْهَرِيَّة
- نفوذ: سُلْطَةٌ، تَأْثيرٌ
- أثرت: أغنت
- عقودها: عهودها
- ماثلة: قائمة
- عكف: ثابر
- الطراز: النَّمَطُ والشَّكْل

التدريب الثالث

يهدف هذا النشاط إلى تعزيز قدرة الطالب اللغوية في تحديد وتحليل وتقييم ما هو مهم لأغراض محددة. (لا تنس تشجيع الطالب على استخدام لغته الخاصة عند الإجابة وعدم نسخ الإجابة من النص).

1. أدى الفن المعماري الإسلامي دورًا كبيرًا في خلق حوار فني حضاري متميز، لأنه انطلق من هويته وحافظ على خصوصيته الثقافية فاستطاع من خلال جمالية إبداعه الفني تقديم الوجه الحقيقي لحضارته.

2. لأنها تجمع بين فن البناء إلى جانب النحت والرسم والخط والزخرفة.

3. عن طريق الحضارة الإسلامية التي قامت في الأندلس وجزيرة صقلية وعن طريق التجارة، وبفضل مشاهدات الحجاج المسيحيين للأراضي المقدسة، وما كانوا يحملونه معهم إلى أوروبا من التحف الإسلامية. ثم عن طريق الحروب الصليبية التي قامت بين الشرق والغرب، حيث نقلوا العديد من التصميمات الشرقية إلى الغرب مع تطويرها لتلائم البيئة المحلية، هذا فضلًا عن اتصال الأوروبيين بالدولة العثمانية بعد ذلك. (هذه أربعة مظاهر وللطالب أن يختار ثلاثة منها).

4. أقيمت أبراج كثيرة من الكنائس الشهيرة على نمط المنارة الإسلامية.

5. تشابهات بين القبب ذات التصميم المثمَّن الزوايا وذات عقود الزوايا في الجناح، والهندسة العربيّة في إسبانيا. وفي رأيه، إذا لم يكن لمهندس مسلمًا فهو بالتأكيد أندلسيّ مسيحيّ.

6. العقود المدببة التي استخدمها الفن القوطي في القرن الثني عشر عوضًا عن العقود المستديرة كانت معروفة قبل ذلك في الشرق الإسلامي. وظهر العقد المدبب في مقياس الروضة ثم في مسجد أخيضر في العراق الذي يرجع إلى أواخر القرن الثامن، ثم في جامع ابن طولون الذي شيد في القرن التاسع الميلادي. كذلك استخدم الطراز القوطي المشربيات والشرفات، وهذه نجدها في سور جامع ابن طولون الخارجي الذي يمتاز بشرفات زخرفية يمكن اعتبارها أول نموذج للأسوار ذات النوافذ والشرفات التي نراها بعد ذلك منتشرة في الطراز القوطي في أوروبا.

التدريب الرابع

يهدف هذا النشاط إلى تشجيع العمل الجماعي وتحديد وتحليل وتقييم ما هو مهم لأغراض محددة. كذلك يعزز هذا النشاط زيادة الثقة لدى الطالب عند تبادل المعلومات مع باقي الطلبة.

- حدد وقتًا للبحث عن أثر فن العمارة الإسلامية في إحدى الدول الغربية، ثم اطلب من الطلاب عرض ملخص أمام الصف.
- ذكر الطلاب بأهمية الإلقاء السليم ووضوح الصوت واستخدام الصور التوضيحية.

التدريب الخامس

1
- قالَ المتنبّي:
ذو العقلِ يشقى في النعيم بعقلِهِ/وأخو الجهالةِ في الشَّقاوة ينعَمُ.
- اشتهر أبو جعفر المنصورَ بتشييد مدينة بغداد.
- قالَ المتنبّي:
إذا كنتَ ذا رأيٍ فكُنْ ذا عزيمةٍ/فإنّ فسادَ الرأي أن تتردّدا.
- لا تعتمِدْ في تصّليح سيارتك على فنّيٍّ غيرِ ذي خبرة.
- قال ذو الإصْبَع العَدْوانيّ:
إنّـي أبـيّ ذو مـحــافــظــةٍ/وابـنُ أبـيّ أبـيّ من أبيّيْن.

2 اقبل أمثلة متنوعة على شرط أن تستوفي شروط الأسماء الخمسة التي تم شرحها في الفصل.

الكتابة والإملاء
- ذكر الطالب بأهمية استخدام علامات الترقيم بشكل دقيق عند الكتابة من أجل الحصول على نص متجانس ومفهوم المعنى.

التدريب السادس

اطلب من الطلاب قراءة معنى المناظرة وخصائصها ومناقشتها مع زملائهم.

اسأل الطلاب:
1 ما المناظرة؟
2 ما أنواعها؟
3 ما أسس كتابة المناظرة؟
4 ما أهميتها؟

معلومات إضافية يمكن إعطاؤها الطلاب قبل البدء في المناظرة.

خلال المناظرة:

1 أن يكون الحوار متبادلًا ويقدم أحد الأطراف وجهة نظره ثم يرد الآخر.
2 عدم مقاطعة أي طرف والاحترام المتبادل.
3 عند تقديم الأدلة، يجب الالتزام بالآداب العامة وعدم ذم أو مدح الطرف الآخر وإن كان على خطأ.

4 عدم تكرار الآراء أو وجهات النظر التي قدمت من قبل.
5 يقوم رئيس المناظرة بمتابعة كل رأي مقدم بما يسهم في إشعال روح المنافسة وإثراء المناظرة.
6 يقوم رئيس المناظرة بمقاطعة المتناظر إذا وجد أنه قد خرج عن سياق الأدب، أو خاض في حديث بعيد عن موضوع المناظرة، أو تجاوز حد الوقت المسموح به.
7 أن تكون الآراء المقدمة مركزة ولكن سهلة الفهم، وقصيرة الجمل ولكن شاملة المعنى.

بعد المناظرة:

بعد إبداء أعضاء الفريقين آراءهم يقوم رئيس المناظرة:

1 بترجيح رأي علي الرأي الآخر بحسب قوة الأدلة والحجج والبراهين.
2 بعرض رأي توفيقي بين الطرفين أي يعتبر أن كلا الرأيين لهما وجهة نظر صائبة.
3 يترك القضية دون حسم وذلك لتساوي الحجج والأدلة والبراهين لدى الفريقين؛ كأن يقول يفضل الفريق الأول استخدام الطاقة البديلة بينما يرى الفريق الآخر تفضيل البترول ونحن نحترم وجهتي النظر ونرى أن كلا الطرفين محق في ما يراه، ولنترك القضية لوقت آخر بحسب ما يستجد من مكتشفات العلم.

ينهي مدير المناظرة مناظرته بخاتمة شيقة.

- اطلب من الطلاب الانقسام إلى فريقين وبدء التحضير للمناظرة.

- يمكن وضع معايير لأفضل مناظرة على السبورة ومن ثم يقوم الطلاب بتقييم كل فريق حسب المعايير.

إجابات كتاب التدريبات:

التدريب الأول
- اقبل جملًا متنوعة.
- شجع الطلاب على استخدام المعجم لكتابة مفردات جديدة لم يستخدموها من قبل.

التدريب الثاني
يهدف هذا التدريب إلى تشجيع الطلبة على التخطيط قبل الكتابة.

- اطلب من الطلاب مراجعة أسس كتابة المناظرة في كتاب الطالب واتباعها.
- شجع الطالب على البحث عن الأدلة والحجج للآراء المؤيدة والمعارضة وذلك بالرجوع إلى مصادر موثوقة مع مراعاة العدل بين الآراء في البحث.
- شجع الطلاب على استخدام علامات الترقيم عند الكتابة.
- اطلب من بعض الطلاب قراءة النص أمام الفصل للتقييم والاستفادة من المفردات والتراكيب اللغوية المستخدمة في عرض الأدلة.

التدريب الثالث

1. فاك
2. أبوك
3. حماك
4. أخيك
5. ذا

التدريب الرابع

- أخوك (لأنه مبتدأ وعلامة رفعه الواو لأنه من الأسماء الخمسة)
- حماك (لأنه مفعول به وعلامة نصبه الألف لأنه من الأسماء الخمسة)
- فيك (لأنه مجرور وعلامة جره الياء لأنه من الأسماء الخمسة)
- ذا (لأنه اسم إنّ وعلامة نصبه الألف لأنه من الأسماء الخمسة)

التدريب الخامس

- اقبل جملًا متنوعة.
- شجع الطلاب على استخدام المعجم لكتابة مفردات جديدة لم يستخدموها من قبل.

التدريب السادس

يهدف هذا النشاط إلى تهيئة الطالب للنشاط وتحفيزه لمناقشة مناظرة بين فصول السنة. كذلك يهدف هذا التدريب إلى تحفيز الطالب على تقييم مدى فهمه لأسلوب المناظرة وبنائها وذلك عن طريق التوقع قبل القراءة.

اطلب من الطلاب قراءة أسئلة التدريب، وأعطهم الفرصة لتبادل الآراء حول الموضوع ومناقشته، ثم اسأل بعض الطلبة عن رأيهم.

1. هذا النص يناقش مناظرة بين فصول السنة. اطلب من الطلاب توقع نوع النص. هل هو (جدلي/سردي/وصفي...) ولماذا؟ (ما خصائصه)؟
2. ما الذي سيتطرق إليه النص؟ اكتب جميع الأفكار التي قد يتطرق إليها النص على ورقة.

التدريب السابع

سافرت الأسرةُ إلى اسطنبول في تركيا، فقال الابن: "إنّها مدينة رائعة يا أُمّاه!" قال الأبُ: "نعم، ولكن لا يمكن أن ننهي رحلتنا في اسطنبول قبل أن نزور معالم ومنجزات الحضارة الإسلامية العثمانية، ومسجد السلطان أحمد (المسجد الأزرق) من أبرزها". قالت كريمة: "حقًّا! وكيف شكل الجامع يا أبي؟" قال الأب: "المسجد مكون من قاعة للصلاة، وتحيط به مدرسة للتعليم الابتدائي، ويتألف من ست مآذن تناطح السحاب، ولكل مأذنة ثلاث شرفات ولها درج حلزوني (أي ملتوي) كان يصعد إليها المؤذن لإقامة الصلاة. هناك أيضًا حوالي 255 نافذة ذات زجاج ملون. وينار المسجد أيضًا بالعديد من الثريات الثمينة المطلية بالذهب وكرات الكريستال"، قالت كريمة: "فلنزره الآن يا أبي، أرجوك!" فذهب الجميع مسرعين وكانت زيارة لا تنسى. (أو يمكن استخدام!)

التدريب الثامن

يهدف هذا التدريب إلى تشجيع الطلبة على استخدام علامات الترقيم.

- اطلب من الطلاب مراجعة علامات الترقيم في كتاب الطالب (الفصل الأول).
- اقبل جملًا متنوعة.
- شجع الطلاب على استخدام علامات الترقيم عند كتابة جميع أنواع النصوص.

التدريب التاسع

1. اطلب من الطلاب قراءة النص مرتين على الأقل.
2. اطلب من الطلاب استخدام المعجم لاستخراج الكلمات والتعابير غير المفهومة وكتابتها في الدفتر.
3. اطلب من الطلبة قراءة أكثر الكلمات غرابة بصوت عالٍ أمام الصف.

- القراءة المتكررة هي استراتيجية فعالة يمكن استخدامها حين يتفاوت مستوى الطلاقة في القراءة بين الطلبة وتعمل بشكل أفضل حين تطبق على مجموعات صغيرة حيث يستمع بعض الطلاب إلى بعض.
- استخدام المعجم لاستخراج كلمات بديلة وقراءتها أمام الصف سيثري الطلاب بخيارات المترادفات.

التدريب العاشر

- اطلب من الطلاب مراجعة علامات الترقيم في كتاب الطالب.
- شجع الطلاب على البحث عن المفردات والبراهين التي تجعل حججهم الأقوى.
- اطلب من الطلاب قراءة بعض الإجابات أمام الفصل.
- اقبل إجابات متنوعة وشجع على استخدام المفردات الجديدة.

التدريب الحادي عشر

- اطلب من الطلاب مراجعة أسس كتابة المناظرة في كتاب الطالب واتباعها.
- شجع الطالب على البحث عن الأدلة والحجج للآراء المويدة والمعارضة وذلك بالرجوع إلى مصادر موثوقة مع مراعاة العدل بين الآراء في البحث.
- شجع الطلاب على استخدام علامات الترقيم عند الكتابة.
- اطلب من بعض الطلاب قراءة النص أمام الفصل للتقييم والاستفادة من المفردات والتراكيب اللغوية المستخدمة في عرض الأدلة.

الفصل السادس
الوحدة الثانية - دنيا الاختراعات

أهداف الوحدة

مع نهاية هذه الوحدة، يحقق معظم الطلاب ما يلي:

- قراءة نصوص عن أهم الاختراعات والاكتشافات قراءة جهرية.
- شرح المعاني والمفردات وتوظيفها في كتاباتهم.
- التعرف على الأسماء الممنوعة من الصرف.
- التعرف على التشبيه وأركانه وأقسامه وتوظيفه في كتاباتهم.
- القراءة عن علم الصيدلة والعقاقير في كتب الثقافة والتاريخ العربي.
- التعرف على فن الخطابة.
- كتابة خطاب (خطبة، محاضرة) موجه إلى زملائهم.

نشاط تمهيدي:

اطلب من الطلبة مسبقًا تحضير معلومات عن المخترعين والعلماء العرب والمسلمين ومدى تأثيرهم في تطور العلوم. اقسم الصف إلى مجموعات ثم اطلب من كل مجموعة أن يذكروا شيئًا عن عالم مشهور من تلك الحقبة. اطلب من الطلبة مناقشة أسئلة التمهيد المدرجة في كتاب الطالب.

إجابات كتاب الطالب:

التدريب الأول

1. الفقرة الأولى.
2. الاكتشاف هو الكشف عن شيء مجهول أما الاختراع فهو ما يصنعه العقل.
3. الكاميرا، لابن الهيثم، أجهزة التقطير لجابر بن حيان.
4. أحمد زويل، في مجال الكيمياء.
5. تمكن من اختراع دعامة مضادة للماء خاصة لوالده المُقعَد ليمارس هواية الغوص.
6. مصطفى القرني، طالبة سعودية، براء الشراي، مشعل الهرساني، أديب البلوشي.
7. يشجع المعلم الطالب على استخدام لغته الخاصة في الوصف.

اطلب من الطلبة مناقشة المعاني والتراكيب الآتية:

الاكتشافات العلمية: عمليّة الكشف عن شيء أو أمر مجهول خاضع للعقل والمنطق.

الأُسْطُرْلاب: جهاز استعمل في تعيين ارتفاعات الأجرام السماوية، ومعرفة الوقت والجهات الأصلية.

فيمتو ثانية: وحدة قياس زمنية مقدارها مليون مليار جزء من الثانية

تلتقط صورة ترصد حركة الجزيئات عند تكوينها وعند تكوين روابط كيميائية بين بعضها.

اختزال عملية الضرب: اختصار وتسهيل عملية الضرب.

تنظير المعدة: عملية تقنية لتشخيص المعدة طبيًا باستخدام ناظور باطني أو الإندوسكوب.

العدسات الإلكترونية: عدسات تعمل على تكبير أو تصغير الرؤية بالنسبة للعين بشكل تلقائي بحيث تساعد ضعيف البصر أو حتى الكفيف على الرؤية بشكل أوضح.

الكتاب الإلكتروني: هو منشور إلكتروني فيه نصوص وصور، يُنشر ويُقرأ على الحواسب أو الأجهزة الإلكترونية الأخرى.

القواعد

الهوية التعريفية: يوجه المعلم الطلبة إلى حفظ هذه الهوية لمعرفة أقسام الممنوع من الصرف.

- الاسم: إبراهيم يزيد عمر
- اسم العائلة: عثمان
- اسم الأم: فاطمة
- اسم الأخوات: بشرى، حنين، أسماء
- مكان الولادة: نيويورك
- الحالة الاجتماعية: أعزب
- مكان الإقامة: بيت لحم
- المهنة: طالب مدارس
- الهواية: مرافقة شعراء
- اللون: أبيض
- صفة العيون: حولاء
- صفة الحال: عطشان

التدريب الثالث

1. عفانَ   2. أفضلَ   3. حضرموتَ   4. أسودَ/أبيض
5. معاويةُ   6. آدمُ   7. عمرَ   8. مساكينٍ
9. جدة/مكةَ   10. فاطمةُ/زينبُ   11. ينبعَ   12. مايكل

التدريب الرابع

1. لخولة/ببرقة   2. آدم/حدباء   3. سعاد   4. أحمد
5. غضبان   6. عذراء   7. أبيض/وأسحم

التدريب الخامس

بين نوع التشبيه واذكر أركانه:

1. تشبيه مرسل مجمل: المشبه: القوت/ المشبه به: الياقوت/ أداة التشبيه: الكاف/ وجه الشبه: محذوف تقديره.

2. تشبيه مرسل مفصل (تام): المشبه: سيرة/ المشبه به: صحيفة/ الأداة: الكاف/ وجه الشبه: الطهر والنقاء

3 تشبيه مرسل محمل: المشبه: لذة صوت المغني/ المشبه به: لذة من يريد النوم (النعسان) الأداة: كأن/ وجه الشبه: محذوف تقديره.

4 (نحن نبت الربى): تشبيه مؤكد مجمل (بليغ): المشبه: المتكلم (القوم)/ المشبه به: نبت الربى/الأداة محذوفة/ وجه الشبه محذوف تقديره/ (أنت الغمام): تشبيه مؤكد مجمل (بليغ): المشبه: الممدوح/ المشبه به: الغمام/ الأداة: محذوفة/ وجه الشبه: محذوف تقديره/ تشبيه مؤكد مفصل: المشبه: الممدوح/ المشبه به: نجم/ الأداة: محذوفة/ وجه الشبه: الرفعة والضياء.

5 كأنك شمس: تشبيه مرسل مجمل: المشبه: المخاطب/ المشبه به: شمس/ الأداة: كأن/ وجه الشبه: محذوف تقديره/ الملوك كواكب: تشبيه مؤكد مجمل (بليغ): المشبه: الملوك/المشبه به: كواكب/ الأداة: محذوفة/ وجه الشبه: محذوف تقديره.

6 (القطامي: الصقر) تشبيه مرسل مفصل (تام) المشبه: بيت/ المشبه به: القطامي/ الأداة: مثل/ وجه الشبه: العلو والانفراد.

التدريب السادس

ساعد الطلبة في شرح الأبيات بتعمق ثم اطلب منهم تفصيل نوع التشبيه بلغتهم الخاصة.

- اطلب من الطلبة شرح الأبيات الآتية مع توضيح نوع التشبيه كتدريب إضافي.
- والمرء كالظِّلِّ ولا بُدَّ أن   يزُول ذاك الظِّلُّ بعد امتداد
  يشبّه الشاعر المرء (مفرد) بالظل (مفرد) الذي سيزول في وقت ما/ وهو تشبيه مفرد.
- وكأن الهلال نون لجين   غرقت في صحيفة زرقاء
  يشبه صورة الهلال أبيض لامعًا مقوسًا في السماء الزرقاء بصورة حرف النون الفضي في وعاء أزرق/ تمثيلي
- يطأ الثرى مترفقًا من تيهه   فكأنه آسٍ يجسُّ عليلا
  يشبه الأسد الذي يسير على الأرض برفق وتيه بالطبيب الذي يتحسس المريض برفق/ تمثيلي
- مِكَرٍّ مِفَرٍّ مُقْبِلٍ مُدْبِرٍ مَعاً   كَجُلْمُودِ صَخْرٍ حَطَّه السَّيْلُ مِنْ عَلِ
  شبه الجواد الذي يتقدم ويتأخر مندفعا بالصخرة المدفعة من مرتفع عال.
- يهز الجيش حولك جانبيه   كما نفضت جناحيها العقاب
  يشبه الجيش الذي يلتف حول القائد بالعقاب الذي يبسط جناحيه حول جسده/ تمثيلي
- مَنْ يَهُنْ يَسْهُلِ الهَوَانُ عَلَيهِ   ما لجُرحٍ بمَيِّتٍ إيلامُ
  إنَّ الشخصَ الَّذي اعتادَ الهَوَانَ والذُّلَ وصارَ لَا يَشعُرُ بقسوةِ الإهانةِ كالمَيْتِ الَّذي لَا يتألمُ حتَّى وإنْ أصابتْهُ الجراحُ، وهنا يشبِّه ضمنًا مَنْ هانَتْ عليهِ نفسُه، فهُوَ لَا يتأثَّرُ، كالمَيْتِ فاقدِ الشعورِ والإحساسِ.
- قَدْ يَشِيبُ الْفَتَى وَلَيْسَ عجيباً   أَنْ يُرَى النَّورُ في الْقَضِيبِ الرَّطِيبِ.
  النور: الزهر الأبيض - القضيب: الغصن
  إن الشاب الصغير قد يشيب قبل أوان الشيب، وهذا ليس بالأمر العجيب. وليدلل على صحة مقولته أتى لنا بالدليل وهو أن الغصن الغض الصغير الذي مازال ينمو قد يظهر فيه الزهر الأبيض، فهو لم يأت بتشبيه صريح ولم يقل: إن الفتى وقد ظهر الشيب فيه كالغصن الرطيب حين إزهاره، ولكنه أتى بذلك ضمنًا.
- أحِنُّ لهم ودُونَهُمُ فَلاةٌ   كأنَّ فَسِيحَها صَدرُ الحَليمِ
  شبه الفلاةُ بصدرِ الحليمِ في الاتساعِ/ تشبيه مقلوب
- كم وجوه مثل النهار ضياء   لنفوس كالليل في الإظلام
  شبه الوجوه بالنهار، وجه الشبه: الضياء، وشبه وجوها أخرى بالليل، وجه الشبه: الظلمة

التدريب السابع

قم بتقييم أعمال الطلبة حسب سلم تقدير متفق عليه مسبقًا، ولا تنس تزويدهم بملاحظات تفيد تحسين كتاباتهم. اطلب من بعض الطلبة إلقاء ما كتبوه أمام زملائهم ولا تنس أن تحثهم على اتباع أسس الإلقاء الجيدة.

إجابات كتاب التدريبات:

التدريب الأول

1 عملية تشخيصية للأعضاء الداخلية في الجسم تسمى **التنظير**.

2 تمكن براء الشراري من اختراع عملية **الاختزال** للضرب دون استخدام الحاسبات الآلية.

3 جهاز الايكو كور من أحدث **الاكتشافات العلمية**.

4 **الأسطرلاب** جهاز استعمل في تعيين ارتفاعات الأجرام السماوية، ومعرفة الوقت والجهات الأصلية.

5 وحدة زمنية ترصد حركة الجزيئات أثناء التفاعلات الكيميائية وهي **فيمتو** ثانية.

6 يعتبر **الكتاب الإلكتروني** من الاختراعات الحديثة وهو أنيق التصميم وذو مرونة عالية.

التدريب الثاني

قيم أعمال الطلبة بناء على أسس التلخيص التي تمت مناقشتها سابقًا.

التدريب الثالث

1. يشجع المعلم الطلبة على البحث عن قصص مشابهة، كلٌ من بلده ثم عرضها.
2. تخليد أسمائهم، الفائدة للبشرية وتطوير البلاد.
3. يعطي المعلم للطالب فرصة التحدث عن المجال الذي يبدع فيه.

التدريب الرابع

يشجع المعلم الطلبة على توثيق البحث واستخدام كلماتهم الخاصة في كتابة نتائج البحث.

التدريب الخامس

شاهدت معالمَ أثرية في جرش/ شاهدت المعالمَ الأثرية في جرش

بمفاتيحَ من إرادة وتصميم ومثابرة تحقق النجاح/ فتحت الباب بمفاتيح حديدية وهكذا

التدريب السادس

1 حسناء: ممنوعة من الصرف، لأنها اسم ممدود.

2 الأبيض والأحمر: مصروفتان لأنهما معرفتان بأل.

3 لبنان: ممنوعة من الصرف لأنها علم مختوم بألف ونون زائدتين.

4 زحل: ممنوعة من الصرف لأنها علم على وزن الفعل/ كواكب: مصروفة لأنها مضافة.
5 نيويورك: ممنوعة من الصرف لأنها علم أعجمي/ أشهر، أكبر: مصروفتان لأنهما مضافتان.
6 شبعان/ ريان: ممنوعتان من الصرف لأنهما صفتان على وزن فعلان.
7 لبنى: ممنوعة من الصرف لأنها علم مؤنث.
8 عنترة: ممنوعة من الصرف لأنها علم مؤنث/ أشهر: مصروفة لأنها مضافة.
9 أعظم: مصروفة لأنها مضاف.
10 صحراء: ممنوعة من الصرف لأنها من الأسماء الممدودة.
11 مصارع: مصروفة لأنها مضافة.
12 أبصر: ممنوعة من الصرف لأنها اسم تفضيل/ زرقاء: مصروفة لأنها مضافة.

التدريب السابع

الأسماء الممنوعة من الصرف	سبب منعها	الكلمات المصروفة	الإعراب
1 لقمان	علم مختوم بألف ونون زائدتين		
2 مكة	علم مؤنث		**مكة:** مضاف إليه مجرور وعلامة جره الفتحة لأنه ممنوع من الصرف
3 آدم	علم أعجمي	مصائب لأنها مضافة	
4 جهينة	علم مؤنث		**أجبن:** مبتدأ مرفوع وعلامة رفعه الضمة
5 أجبن	اسم تفضيل		
6 مراهم	صيغة منتهى الجموع		**مراهم:** خبر مرفوع وعلامة رفعه الضمة
7 عمياء	صفة على وزن فعلاء	**اسم مجرور وعلامة جره الكسرة وهو مضاف**	**عمياء:** خبر مرفوع وعلامة رفعه الضمة
8 فوائد	صيغة منتهى الجموع		
9 يعقوب	علم أعجمي		**بلهاء:** اسم مجرور وعلامة جره الفتحة
10 بلهاء	صفة على وزن فعلاء		

التدريب الثامن

إجابات متنوعة. اطلب من الطلبة أن يقيموا أعمال بعضهم.

التدريب التاسع

1 شبه الشمس بالأعمى الذي يمشي ببطء/ المشبه: الشمس، المشبه به: الأعمى/ الأداة: كأن/ وجه الشبه: السير ببطء، تشبيه مقلوب.
2 صور المحبوبة التي تعد ولا تفي بوعدها بصورة السحاب الذي يرعد ولا يمطر.
المشبه: المحبوبة، المشبه به: الْمُزْنِ (السحاب)، أداة التشبيه: الكاف، وجه الشبه: عدم العطاء.
3 شبه صورة الشكوك التي تحوم على روحه بصورة الصقور التي تحوم على الفريسة.
المشبه: صورة الشكوك الحائمة على روحه، المشبه به: صورة الصقر الذي يحوم على الفريسة، الأداة: كأنهن، كأنها، وجه الشبه: تشبيه تمثيلي.
4 شبه صورة الشيب الذي يَتَّئِدُ في الرأس بصورة النار التي تسري في المكان المُعْشِب أي فيه العشب/ تشبيه تمثيلي.
5 صورة الكريم الذي تأخذه عزة الفخر بأفعاله مهما كانت الظروف بصورة الغصن الرطب الذي يتمايل في شبّه الصيف/ تمثيلي.
6 شبه العلم بالنور، حذف الأداة، ووجه الشبه: بيان أمور الحياة/تشبيه مؤكد.
7 شبه الشباب بقرض يجب أن يؤدى ويسدد، حذف الأداة ووجه الشبه: وجوب السداد/ تشبيه مؤكد.
8 شبه الجبين بالذهب، الأداة: كأن، وجه الشبه: الألق واللمعان، مرسل مفصل.
9 شبه الممدوح بالبدر، الأداة: شبيه، وجه الشبه: الحسن والبعد/مرسل مفصل.

التدريب العاشر- الثاني عشر:

قم بتصحيح أعمال الطلبة مستخدمًا سلم التقييم المناسب ثم قم بتزويد الطلبة بإرشادات تساعدهم على تحسين أعمالهم الكتابية.

الفصل السادس
الوحدة الثالثة - هل هناك حضارات ذكية في الفضاء الخارجي؟

أهداف الوحدة
مع نهاية هذه الوحدة، يحقق معظم الطلاب ما يلي:
- التعرف على موضوعات علمية عن الفضاء الخارجي.
- تحديد الأفكار الرئيسة لكل نص.
- إنشاء موضوعات جديدة تتضمن الأفكار الرئيسة الواردة في الوحدة وتوظيف المفردات الجديدة في إنشائها.
- التعرف على التوابع مثل النعت والبدل والتوكيد والعطف.
- التعرف على أسلوبي الاقتباس والتشبيه.
- إتقان كتابة التاء المفتوحة والتاء المربوطة والهاء في آخر الكلمة.
- التعرف على أساليب كتابة النص الحواري.

نشاط تمهيدي:
- اطلب من الطلبة أن يكتبوا فقرة من 200 كلمة أو أن يحضروا عرضًا لوصف رحلة إلى الفضاء الخارجي. شجع الطلبة على اختيار أفكار إبداعية للقيام بالمهمة.
- ناقش كتابات الطلبة داخل الحصة ثم اسأل أسئلة التمهيد واطلب من الطلبة قراءة النص قراءة صامتة.

إجابات كتاب الطالب:

التدريب الأول
1. وهو كوكب صخري على الأرجح وأكبر بقليل من كوكب الأرض، ويدور في منطقة قابلة للحياة حول نجم شبيه بالشمس، يبعد نحو 1400 سنة ضوئية وتم اكتشافه في 23 تموز من عام 2015.
2. كل النجوم التي نراها في الفضاء هي مجموعات شمسية حولها كواكب تعيش على سطحها كائنات ذكية.
3. لأنه رأى قنوات مستقيمة، مما يوحي باحتمال بنائها من قبل سكان المريخ.
4. الاحتمالات الرياضية تعطي عددًا مهولًا من الحضارات الكونية التي يحتمل أن تكون موجودة في كل أرجاء الكون.
5. إن البحث عن هذه الحضارات أو الكائنات الفضائية الذكية ليس أمرًا بسيطًا كالبحث عن رجال خضر قصار القامة كما يقول عالم الفيزياء النظرية (ميشيو كاكو)، بل سيكون عن طريق البحث عن الطاقة واستهلاكها في أرجاء الكون.
6. النوع الأول منها هي التي لديها القدرة على التحكم في الطاقة المتوفرة على كوكبها بشكل كامل، ويمكنها التحكم في الطقس وتعرف كل كبيرة وصغيرة في محيطاتها وكيفية السيطرة على البراكين والزلازل. النوع الثاني هي التي تستطيع التحكم في النجوم، وهي حضارة خالدة، ولا يمكن لأي شيء تدميرها، فهم يتحكمون في العصور الجليدية ويسيطرون على المذنبات. أما النوع الثالث فهي حضارات مجرية تتحكم في كامل المجرة، وبإمكانها التحكم في كامل الطاقة الصادرة عن أيّ نجم في الفضاء، وتملك القدرة على التحكم في الطاقة المظلمة التي تمثل 73 % من الكون، وربّما ستكون قد عثرت على أبعاد جديدة للكون.
7. النوع 0 لأنها لم تبلغ بعد حد التحكم في كوكب "الأرض".
8. لسنا مثيرين للاهتمام بالنسبة لهم، أو ربما حاولت حضارات متقدمة الاتصال بنا قبل آلاف أو عشرات الآلاف من السنين ولكن أجدادنا لم يفهموا الرسالة.

التدريب الثاني
شجع الطلاب على استخدام مصادر متعددة وتوثيقها. ناقش معهم أهمية التوثيق تطبيقًا للأمانة العلمية.

التدريب الثالث
ناسا: هي وكالة تابعة لحكومة الولايات المتحدة الأمريكية، وهي المسؤولة عن البرنامج الفضائي للولايات المتحدة وأنشئت في عام 1957.
سنة ضوئية: وحدة قياس تستخدم للمسافات الكبيرة والبعيدة جدًّا كالمسافة بين الأرض والنجوم. تُعرّف السنة الضوئية على أنها المسافة التي يقطعها الضوء في سنة واحدة.
المجموعة الشمسية: هي النظام الكوكبي الذي يتكون من الشمس وجميع ما يَدور حولها من أجرام بما في ذلك الأرض والكواكب الأخرى.
كوكب: جسم يدور حول الشمس، ولديه كتلة كافية ليملك جاذبيته الخاصة من أجل صنع مداره حول الشمس.
المراصد: مبانٍ تُعَيَّن فيه حركات الكواكب وأحوال الطَقس وتُسَجِّل فيه الزلازل.
مجرّة: مِنْطَقَةٌ فِي السَّماءِ بِها مَجْمُوعَةٌ كَبِيرَةٌ مِنَ النُّجومِ، تَتَراءى مِنَ الْأَرْضِ كَبُقْعَةٍ بَيْضاءَ.

التدريب الرابع
1. كلهم: توكيد معنوي
2. نفسها: توكيد معنوي
3. عينها: توكيد معنوي
4. المريخ: توكيد لفظي
5. جميعها: توكيد معنوي
6. لا يوجد
7. متحف الشمع: توكيد لفظي
8. نصفهم: توكيد معنوي

التدريب الخامس
تأكد من صحة جمل الطلبة.

التدريب السادس

بدأت المدرسة الدولية لعلوم الفضاء نشاطها في عام 1991.
تشرف عليها وتنظمها عدة جامعات تهتم بمجال علوم الفضاء.

لقد صُمّمت هذه المدرسة لطلاب الدكتوراة والشباب الباحثين، والمهندسين العاملين في علوم الكواكب أو في تطوير أدوات البعثات إلى الكواكب. توفر المدرسة دراسة متكاملة تهدف إلى تطوير الأقمار الصناعية، ويتم التركيز على ثلاث وحدات متكاملة: النماذج النظرية، ووسائل الملاحظة والقياسات، والأجهزة الفضائية. تسعى المدرسة إلى المساهمة في تطوير جيل جديد من علماء ومهندسي الكواكب بهدف إرسالهم في بعثة كبرى إلى عطارد في عام 2017، وإلى كوكب المشتري وأقماره لكشف إعصاره في عام 2022. كما تهدف أيضًا إلى إرسال بعثات لكوكبي المشتري والمريخ للتحقيق في المناطق الداخلية من الكواكب والأقمار. واعتمدت المدرسة على منهج متعدد التخصصات، كما تقوم بشرح كيف تتم البعثات للكواكب الحالية والمستقبلية وسوف تكون قادرة على توسيع نطاق المعرفة للهيكل الداخلي والديناميكية والتطور في المجموعة الشمسية وسوف تناقش وجهات النظر المهمة والتحديات على المدى القصير المدى والطويل.

التدريب السابع

1. رصد الأجرام السماوية.
2. الفقرة الثانية من النص. يمكن للمعلم أن يحضر صورة للاسطرلاب من الشبكة العنكبوتية لمساعدة الطلاب على تخيله ورسمه. ويمكن الإشارة إلى مجسم الاسطرلاب الموجود في سوق ابن بطوطة في دبي.
3. ابن الهيثم والبيروني. يشجع المعلم الطلبة على البحث في الشبكة العنكبوتية عن علماء الفلك وأهم أعمالهم.

التدريب الثامن

اطلب من الطلبة اختيار أفضل مسرحية عن طريق التصويت العادل.
اتفق مع الطلبة على قواعد التصويت العادل ثم قم بعملية التصويت، ثم اطلب من الفريق الفائز تمثيل المسرحية أثناء فعالية من فعاليات المدرسة.

إجابات كتاب التدريبات:

التدريب الأول

1. ثلاثمائة وستين جزءًا/ بسبب قرب عدد هذه الأجزاء من عدد أيام السنة ولأنه عددٌ له نصف وثُلث ورُبع.
2. أربعة فصول، قسم كل واحد منها إلى ثلاثة أقسام ليكون المجموع اثني عشر جزءًا.
3. ثلاثون جزءًا.
4. يساعد المعلم الطلبة في رسم الدرجات والدقائق والثواني ويربطها بما تعلمه الطلبة في مادة الرياضيات.
5. يشجع المعلم الطلبة على البحث عن تاريخ نشر الكتاب ومناقشة تطابق المعلومات مع ما نعتمده من تقسيم للفلك في الوقت الحالي .
6. يشجع المعلم الطلبة على تلخيص أهم أفكار النص باستخدام قواعد التلخيص (صفحة 31 فن كتاب الطالب)

التدريب الثاني

يقبل المعلم الجمل المتعددة ويصحح الأخطاء. يشجع المعلم الطلبة على استخدام المفردات في سياق مختلف عما ورد في النص ويشجعهم على توسيع نطاق استخدامها.

التدريب الثالث

1 نعت مجرور: الغامضة، السحيقة، جديدة
2 نعت مرفوع: الرئيس، مثلج، مختلف
3 نعت منصوب: عديدة، السريعة، المكثف
4 معطوف مجرور: الغور
5 معطوف مرفوع: شيءٌ
6 نعت مرفوع بالواو: الباحثون
7 بدل مرفوع: زحل

التدريب الرابع

1 علمه: بدل اشتمال
2 المتنبي: بدل مطابق
3 الرأي: بدل مطابق
4 تغريده: بدل اشتمال
5 مقدمته: بدل بعض من كل
6 رأسه: بدل بعض من كل
7 حياؤها: بدل اشتمال

التدريب الخامس

يقبل المعلم الجمل الصحيحة ويطلب من الطلبة تصحيح الجمل الخاطئة مع التعليل. يمكن الرجوع إلى الأمثلة الموجودة في كتاب الطالب.

التدريب السادس

1 لا: تفيد نفي الحكم عما بعدها
2 أو: تفيد التشكيك
3 أم: تفيد التعيين
4 الواو: تفيد الاشتراك في الحكم
5 ثم: تفيد الاشتراك في الحكم مع الترتيب والتراخي
6 بل: تفيد الإضراب
7 الفاء: تفيد الاشتراك في الحكم مع الترتيب والتعقيب
8 أو: تفيد التخيير

التدريب السابع

1 حذارِ/وفتكِي: توكيد لفظي/معطوف
2 كلُّها/السريعةِ: توكيد معنوي/نعت
3 الكُماة/بنينا/الأصاغر: معطوف/معطوف/نعت
4 السلاحَ: توكيد لفظي
5 أدركَ: معطوف

6 الأقوام كلِّهم/الصالحين: معطوف/توكيد معنوي/معطوف

7 أنتَ: توكيد لفظي

التدريب الثامن

قيم أعمال الطلبة حسب معايير تتفق عليها معهم. ساعد الطلبة على بناء سلم تقدير لفظي لتقييم الحوار واطلب منهم أن يستخدموا سلم التقدير لمساعدتهم على التقييم الدقيق للحوار.

إجابات نموذج على غرار الامتحان

الورقة 1 القراءة

يقول الحموي في كتابه ثمرات الأوراق:

من أجمل ما قيل عن المكافأة ما قيل عن الحسن بن سهل، فقد كان يجلس عند يحيى بن خالد البرمكي فيدخل عليه من كان له حاجة فيقضيها لهم، وكان آخرهم أحمد بن أبي خالد فقال لابنه إن بينهما حديثًا عن أبي خالد بعد أن يفرغ من شغله. فلما فرغ أخبره أنه لما قدم أبوه من العراق كانوا في أشد حالات الفقر، فتذكر منديلًا كان عنده فقدمه له وباعه بسبعة عشر درهمًا ليساعد أهله حتى يأتي فرج الله، ودارت الأيام واشتد الحال بالحسن فذهب إلى بيت أبي خالد وزير المهدي صباحًا و أطلعه على حاله فلم يلق له بالًا، ثم عاد إلى أهله فقص عليهم ما حدث فعاتبوه على إظهار حاجته. فلما أصبح ذهب إلى الخليفة فانتظر حتى يحدثه أبو خالد، ثم دعاه و ركبا إلى منزله، فطلب منه أن ينادي تجارًا، فلما حضروا، ذكرهم أنه اشترط عليهم شركة رجل مقابل ما أعطاهم من غلال، وقدم لهم الرجل، وطلب منهم أن يقبضاه المال ويتولى العمل معهم، وتم الأمر وأصلح شأنه حتى وصل إلى ما هو عليه، فيسأل ابنه عن جزاء هذا المعروف، فيأتي الجواب أنه من حقه عليك أن تجزيه جزاء عظيمًا، فقال له إنه لا يجد ما يكافئه به إلا أن يتنازل له عن منصبه ففعلها لتكون مكافأة عظيمة.

الورقة 2 الكتابة:

القسم الأول

المناقشة و الجدال

إن دراسة التاريخ مهمة لأنها تساعدنا على أن نبني على ما توصلت إليه الحضارات القديمة من اكتشافات و اختراعات. إلى أي مدى توافق هذا الطرح؟

التاريخ بحد ذاته هو تدوين لما وصلت إليه الحضارات القديمة من اكتشافات و اختراعات، والأحداث التي مرت بها، وبالتالي فإن دراسة التاريخ تساعدنا على أن نصل إلى كمّ المعلومات التي تم الوصول إليها عبر الأجيال و من ثم تحليلها وهضمها. و بعد هذا كله يتم البناء على ما وُجد من معلومات و معالجتها لتحويلها إلى تطور علمي وأدبي خاص بالعالم الحالي. كما هي الحال مع (الكاميرا) التي كانت بدايتها غرفة مظلمة باسم القمرة على يد ابن الهيثم، ثم تطورت لتصل إلى رقاقة
من جهاز عالي الدقة في جيب كل إنسان تقريبًا.

القسم الثاني

الوصف و السرد

تخيل أنك عالم فلك. صف ما يمكن أن تراه في السماء في ليلة صافية.

أرى في ليلة صافية نجومًا كثيرة، تخبئ قصصها خلف نورها الساطع منذ آلاف السنوات الضوئية، فلا أعلم أهي حية أم ميتة. أراها تجتمع لتكون مجموعات نجمية وأرى القصص التي قيلت لي ثم رويتها عنهم، أرى المجرات التي في حل وترحال في الكون غير المنتهي، والكواكب التي استطاعت أن تنير دون أن تشتعل في داخلها. أرى سنوات دراستي التي قضيتها مع نجوم و بين نجوم، أرى ذلك النجم الثاقب، وأرى العتمات في السماء كعتمات حياتي تخترقها أنوار وآمال لا تنطفئ. أرى إعجاز الخالق في خلقه السماء والنجوم والكواكب، و في خلقه عقل الإنسان الذي استوعب بعضًا من علم السماء.

الفصل السابع
الوحدة الأولى - التلوث البيئي

أهداف الوحدة
مع نهاية هذه الوحدة، يحقق معظم الطلاب ما يلي:

- التعرف على أهم خصائص النص الجدلي.
- التعرف على معاني الكلمات من خلال سياق استخدامها وتوظيفها عند الكتابة.
- تحديد الموضوعات في النص الجدلي وتحليل وتقييم ما هو مهم لأغراض محددة.
- فهم وشرح ومقارنة المعاني الضمنية في النص.
- فهم تركيب التمييز وتوظيفه عند الكتابة.
- التعرف على التأثير اللغوي عند استخدام الاستعارة وتوظيفها عند الكتابة.
- استخدام مجموعة من الأساليب اللغوية والحجج والبراهين لإقناع المخاطب بوجهة نظر معينة.
- كتابة نص جدلي ممتع.

نشاط تمهيدي:

يهدف هذا النشاط إلى تهيئة الطالب للدرس وتحفيزه للمشاركة في النقاش وتبادل الآراء والمعلومات العامة حول البيئة والتلوث ودور الفرد في حمايتها. كذلك يهدف هذا النشاط إلى تحفيز الطالب على التفكير في مفردات وعبارات ملائمة لسمات النص الجدلي.

اطلب من الطلاب قراءة أسئلة النشاط التمهيدي، وأعطهم الفرصة لتبادل الآراء حول الموضوع ومناقشته، ثم اسأل بعض الطلبة عن رأيهم.

1. ماذا نعني بالبيئة؟ وما هو التلوث؟
2. هل تعاني مدينتك من التلوث البيئي؟ كيف؟ اكتب أمثلة.
3. هل ساهمت/تتمنى أن تساهم في حملات توعية لحماية البيئة؟
4. النص التالي يدور حول أنواع التلوث البيئي ومخاطره، ما هي المفردات التي يمكن أن تقرأها في مثل هذا النص؟ اكتب الكلمات في دفترك.

إجابات كتاب الطالب:

التدريب الأول

يهدف هذا النشاط إلى تعزيز قدرة الطالب اللغوية في معرفة مرادفات الكلمات والتي ستساعده في فهم المعاني وشرحها ومقارنتها كذا المواقف الضمنية. كذلك يساعد النشاط على تنظيم وعرض الحقائق والأفكار والآراء.

1 (التعريفات التالية حسب ويكيبيديا الموسوعة الحرة)

- التلوث البيئي: هو تغيير يحدث في البيئة التي تحيط بالكائنات الحية بسبب أفعال الإنسان وأنشطته اليومية، مما يؤدي إلى ظهور بعض الموارد التي لا تتلاءم مع المكان الذي يعيش فيه الكائن الحي ويؤدي إلى اختلاله.
- النظام البيئي: تجمّع حيوي للكائنات الحية من نبات وحيوان وكائنات أخرى تتفاعل فيه هذه الكائنات مع بعضها في نظام بالغ الدقة والتوازن حتى تصل إلى حالة الاستقرار. وأي خلل في النظام البيئي قد ينتج عنه هدم وتخريب للنظام.
- التلوث الهوائي: هو تعرّض الغلاف الجوي لمواد كيماوية أو جسيمات مادية أو مركبات بيولوجية تسبب الضرر والأذى للإنسان والكائنات الحية الأخرى، أو تؤدي إلى الإضرار بالبيئة الطبيعية.
- التلوث المائي: هو أي تغير فيزيائي أو كيميائي في نوعية المياه، بطريق مباشر أو غير مباشر، يؤثر سلبًا في الكائنات الحية، أو يجعل المياه غير صالحة للاستخدامات المطلوبة.
- التلوث بالضجيج: هو خليط متنافر من أصوات ذات استمرارية غير مرغوب فيها، وتحدث عادة بسبب التقدم الصناعي. يرتبط التلوث السمعي أو الضوضاء ارتباطًا وثيقًا بالأماكن المتقدمة وخاصة الأماكن الصناعية.

2

- الصورة الأولى هي الأماكن المليئة بالمخلفات والصورة الثانية هي الدخان الأسود المنطلق من المصانع.
- بعض ملوثات الهواء بدأت تحدث تغييرًا في المناخ حول العالم، وذلك عن طريق تأثيرها في الأشعة فوق البنفسجية إذ تعيق الملوثات تنقية الهواء من هذه الأشعة المؤذية.
- التربة تتأثر بشكل مباشر بالملوثات الكيميائية الناتجة عن مخلفات المصانع، فمثلًا تساعد المبيدات والأسمدة في نمو كميات كبيرة من الأغذية، ولكنها تسمم التربة ومجاري المياه وبذلك تؤثر سلبا في إنتاج الغذاء.
- جسيمات دقيقة من المواد السائلة أو الصلبة.
- بسبب شربهم ماءً غير نظيف.

التاريخ والثقافة العربية

يهدف هذا الصندوق إلى إثراء معرفة الطلبة بمفهوم البيئة لدى العرب منذ القدم ودور بعض الدول في حماية البيئة. ذلك من شأنه مساعدتهم في التحضير للتدريبات القادمة.

اطلب من الطلبة قراءة الصندوق، ثم اسألهم إن كانوا على دراية بمبادرات أخرى في العالم العربي أو العالم لحماية البيئة.

التدريب الثاني

يهدف هذا النشاط إلى تشجيع الطالب على العمل الجماعي وجمع الأدلة وتنظيم وعرض الحقائق والأفكار والآراء واستخدام اللغة وتسجيلها بشكل مناسب للجمهور ولسياق النص. كما يحفز الطلاب على زيادة الثقة بالنفس.

*من أجل الوصول إلى نقاش جدلي فعّال، اسمح للطلاب بالبحث عن الحقائق والأدلة عبر شبكة الإنترنت.

التدريب الثالث

1
- اشتريت مترين... قماشًا... ولترًا... حليبًا...
- ما في الحقل قدر راحة... ظلًا...
- دخلت حديقة عامة، وشاهدت ما فيها من جمال الطبيعة، فوجدت البحيرة أكثرها... جمالًا... والأشجار أغلبها... خضرةَ... والهواء أشده... نقاءً... والعصافير أقلها... ضجيجًا...

2
- تقبل الجمل المكتوبة في سياق التلوث البيئي ويجب أن يطبق الطالب شروط التمييز كما وردت في الكتاب. مثال: لإنسان أكثر الكائنات خطرًا على البيئة.

التدريب الرابع

أ. استعارة تصريحية: شبه ابنه بالكوكب، حذف المشبه ابنه وصرح بلفظ المشبه به الكوكب على سبيل الاستعارة التصريحية. وأبقى قرينة دالة على ابنه لمحذوف وهي (قصر العمر) علاقة المشابهة في قصر طلة كواكب الأسحار وفترة حياة ابنه.

ب. استعارة تصريحية: فقد شبه شوقي المختار بالسيف جامعًا الصلابة والقوة، ومن الواضح أن طرف التشبيه المذكور صراحة في البيت هو المشبه به (السيف) وأن المحذوف الذي لم يذكر في البيت هو المشبه (عمر المختار) أي أن الشاعر هنا صرح بالمشبه به وحذف المشبه.

ج. استعارة مكنية: فقد استعار الشاعرُ صفة الركض للسحب.

د. استعارة مكنية: حيث ذكر المشبه وهو البخل وحذف المشبه به العدو وأشار إليه بإحدى لوازمه وهو القتل.

هـ. استعارة تصريحية: شبه الشيء المقصود من البيت بالنور، ذكر المشبه به وحذف المشبه على سبيل الاستعارة التصريحية.

و. استعارة تصريحية: استعار لدموع الفتاة لفظة (لؤلؤ) التي تجمع بين الصفاء والرقة؛ فحذف المشبه وذكر المشبه به، لذا هي استعارة تصريحية.

التدريب الخامس

يهدف هذا النشاط إلى تحفيز الطالب على إبداء رأيه الشخصي حول موضوع منع السيارات من مراكز المدن، والاستماع إلى رأي الآخر (وإن كان معارضًا لرأيه). كذلك يهدف هذا النشاط إلى تحفيز الطالب على التفكير في سمات النص الجدلي وفهم مجموعة من مفرداته المناسبة واستخدامها.

اطلب من الطلاب قراءة أسئلة النشاط التمهيدي، وأعطهم الفرصة لتبادل الآراء حول الموضوع ومناقشته، ثم اسأل بعض الطلبة عن رأيهم.

1 ما وسيلة النقل التي تستعملها للمجيء إلى المدرسة؟ لماذا؟

2 ما وسيلة النقل المفضلة لديك عند الذهاب إلى مركز المدينة؟ لماذا؟

3 النص التالي يتحدث عن الجدال حول منع السيارات من مراكز المدن أو عدم منعها. ما الأفكار والكلمات التي تتوقع قراءتها في مثل هذا النص؟ اكتبها في دفترك.

التدريب السادس

يهدف هذا النشاط إلى تحفيز الطالب على التفكير في سمت النص الجدلي وأسلوبه وبنائه، إذ يحدد الطالب العناصر الرئيسة لنص الجدلي ويقوم بفهم ما هو مهم لأغراض محددة وتحديده وتحليله وتقييمه. كما يهدف هذا النشاط إلى تحفيز الطلبة على فهم وجمع بعض المعاني الصريحة وتحديد ما هو مهم لأغراض محددة وتحليله وتقييمه.

1
- الأجزاء الأربعة التي يتألف منها النص الجدلي هي:
  1 المقدمة: أي جمل مختارة من الفقرة الأولى.
  2 العرض (الآراء المؤيدة): أي جمل مختارة من الفقرة الثانية.
  3 العرض (الآراء المعارضة): أي جمل مختارة من الفقرة الثالثة.
  4 الخاتمة: جمل مختارة من الفقرة الرابعة تعبر عن الموازنة بين الرأيين ثمَّ عرض الرأي الشخصي.

يمكن للطالب اختيار عناوين على شرطٍ أن تعبرَ عن محتوى الفقرة.

الإجابة موضحة في الأعلى (1-4)

2
- خفَّت: تركت (خلفها)
- محظورة: ممنوعة
- فضلًا عن: بصرف النظر عن
- الاختناقات: الزحام
- زيادة: إضافة
- توعية: جعلهم يدركون حقائق الأمورِ
- خبرة: تجربة

3 اقبل كل الإجابات شريطة عدم نسخها مباشرة من النص.

- في الماضي كان يمكن للناس أن يتجولوا بحرية في جميع أنحاء المدينة دون أية مشكلة، ولكن في هذه الأيام أصبحت السيارات تؤدي دورًا هامًا في الأنشطة اليومية.

- أولًا، حركة المرور في مراكز المدن أصبحت شيئًا لا يطاق وخطرًا كبيرًا بسبب السيارات. ثانيًا، أدَّت السيارات إلى زيادة التلوث والضوضاء، فضلًا عن المخاطر الصحية الناجمة عنه ومسألة السلامة على الطرق. ثالثًا، يُعتَقد أن الناس يضيعون وقتهم الثمين في الاختناقات المرورية. كما أن تقليل عدد السيارات في مراكز المدن سيوفر كمية كبيرة من البنزين.
- أولًا، لا يمكن زيادة مواقف السيارات لأنها تعد عاملًا يساهم في الزحام المروري. ثانيًا، يمكن تشجيع استخدام السيارات الكهربائية لتقليل الأضرار الصحية وتلوث الهواء.
ملاحظة: يرجى تصحيح الجملة في النص الأصلي في كتاب الطالب والتي يجب أن تكون "أولًا، لا يمكن ..."
- شجع الطالب على إبداء رأيه باستخدام مفردات مؤثرة وأدوات ربط مناسبة لإقناع الآخرين.

التدريب السابع

يهدف هذا النشاط إلى تحفيز الطالب على تنظيم وعرض الحقائق والأفكار والآراء واستخدام اللغة وتسجيلها بشكل مناسب للجمهور ولسياق النص.

- قبل البدء: يفضل إعطاء فرصة للطلبة للبحث عن القضية عبر شبكة الإنترنت لجمع الحقائق والأدلة والحجج النقلية للطرفين.
- اطلب من الطلبة كتابة كل العناصر التي من شأنها جعل النص متماسكًا وذا أسلوب مؤثر في القارئ، مثل تحديد معاني الكلمات والمترادفات واستعمالاتها في الكتابة الجدلية، واستخدام علامات الترقيم وأدوات الربط وإدراك وظائف كل منها في الكتابة وإيصال المعنى بوضوح، والتمييز بين رأي الكاتب وآراء الآخرين الواردة في النص.

إجابات كتاب التدريبات:

التدريب الأول

يهدف هذا النشاط إلى تهيئة الطالب للنشاط وتحفيزه للنقاش حول تلوث البيئة.

- اطلب من الطلبة التفكير في المواضيع التي سيتطرق إليها هذا النوع من النصوص.
- اطلب من الطلاب قراءة النص مرتين على الأقل.
- اطلب من الطلاب استخدام المعجم لاستخراج الكلمات والتعابير غير المفهومة وكتابتها في الدفتر.
- اطلب من الطلبة قراءة أكثر الكلمات غرابة بصوت عال أمام الصف.
- اطلب منهم كتابة جميع الأفكار على ورقة.

> القراءة المتكررة هي استراتيجية فعالة يمكن استخدامها حين يتفاوت مستوى الطلاقة في القراءة بين الطلبة وتكون أنجع حين تطبق على مجموعات صغيرة حيث يستمع بعض الطلاب إلى بعض.
> استخدام المعجم لاستخراج كلمات بديلة وقراءتها أمام الصف سيثري الطلاب بخيارات المترادفات.

التدريب الثاني
- اقبل جملًا متنوعة.
- شجع الطلاب على استخدام المعجم لكتابة مفردات جديدة لم يستخدموها من قبل.

التدريب الثالث

تداعياته: توابعه
دعا: طلب
دون استثناء: دون مخالفة القاعدة
خبيثًا: رديئًا، فاسدًا
يتموج: يضطرب

التدريب الرابع

اقبل إجابات متوافقة مع ما ورد في النص.
اطلب من الطلبة تطبيق ما ذكر عن التلخيص وذكرهم بأهمية استخدام أدوات الوصل أو الربط، وقم بتقييم أعمال الطلبة وزودهم بملاحظات بناءة تساعدهم على تحسين كتابتهم.

التدريب الخامس

1 شكلًا - تمييز النسبة
2 اعتدالًا - تمييز النسبة
3 دقيقًا - تمييز الذات
4 قماشًا - تمييز الذات

التدريب السادس
- اقبل جملًا متنوعة.
- شجع الطلاب على استخدام المعجم لكتابة مفردات جديدة لم يستخدموها من قبل.

التدريب السابع

يهدف هذا التدريب إلى تشجيع الطلبة على التفكير في الصور البلاغية (الاستعارة).

1. استعارة تصريحية، حيث استعارَ (اللؤلؤَ) للدموع، و(النرجسَ) للعيون، و(الوَرْدَ) للخدودِ، و(العُنَّابَ) للأنامل، و(البَرَدَ) للأسنان.

2. استعارة تصريحية، حيث شبه سيف الدولة بالبحر، بجامع العطاء أي وجه الشبه، ثم استعير اللفظ الدال على المشبه به وهو البحر للمشبه وهو سيف الدولة.

3. الاستعارة المكنية، حيث شُبِّه الكرم بإنسان ثم حُذِفَ ورُمِزَ إليه بشيء من لوازمه وهو "أشار" على سبيل الاستعارة المكنية، والقرينة إثبات الإشارة للكرم.

4. الاستعارة مكنية، حيث شبه المنية بحيوان مفترس بجامع الإهلاك وحذف المشبه به (الحيوان المفترس) وأبقى شيئا من لو زرمه وهو (الأظفار)، والقرينة المانعة من إرادة المعنى الحقيقي لفضية هي إسناد الفعل (أنشب) إلى لفظ (المنية).

5. استعارة تصريحية، حيث شبه الشيب بالضحكات بجامع ظهور اللون الأبيض حيث يظهر بياض الأسنان الضحكات حذف المشبه وصرح بالمشبه به على سبيل الاستعارة التصريحية والقرينة الشعر.

6. استعارة تصريحية، حيث شبه البدر بأنه يسير، حذف المشبه وصرح بالمشبه به على سبيل الاستعارة التصريحية.

التدريب الثامن

يهدف هذا التدريب إلى تشجيع الطلبة على التفكير في خصائص النص الجدلي وذلك بالبحث عن الحقائق والبراهين للأفكار المؤيدة لقضية مرة والمعارضة لها مرة أخرى.

1. اطلب من الطلاب البحث عن القضية من مصادر موثوقة ومتنوعة، كالبحوث على شبكة الإنترنت، حتى تتشكل لديهم حجج مقنعة للطرفين.

2. اطلب من الطلاب ترتيب الأفكار مرة بالوقوف إلى جانب المؤيد ومرة بالوقوف إلى جانب المعارض.

التدريب التاسع

يهدف هذا التدريب إلى تشجيع الطلبة على التفكير الشخصي بخصوص قضية ما (القوانين التي ستسنها من أجل تشجيع جميع المواطنين على الحفاظ على البيئة) و لتخطيط لها.

- شجع الطلاب على التفكير المنطقي والإبداع في الكتبة.
- ذكرهم بأهمية استخدام علامات الترقيم.
- قيم أعمالهم وحدد لهم نقاطًا معينة للارتقاء بمستوى الكتابة.

التدريب العاشر

يهدف هذا التدريب إلى تعويد الطالب على كتابة النص الجدلي عن طريق جمع وتحويل الأدلة والبراهين إلى عبارات مترابطة ومؤثرة في القارئ، ومن ثم تحويل جميع عناصر النص الجدلي إلى نص متماسك وجاذب للانتباه.

1. شجع الطالب على استخدام جدول (معيار تقييم كتابة النص الجدلي) واجعله يتحدى نفسه باستخدام اللغة والمحتوى المطلوبين للوصول إلى أعلى مستوى.

2. اطلب من أحد الطلاب أن يقرأ مقاله أمام الفصل وعلى باقي الطلاب الإنصات والاستماع إلى مقال زميلهم.

3. شجع الطلاب على تقييم مقال زميلهم بكتابة بعض النقط الإيجابية مع وضع مثال/أمثلة وتوضيح السبب. يمكنك أيضًا ضافة طلب كتابة نصيحة تساعد صاحب المقال على رفع مستوى عمله. (هنا يمكنهم الاستعانة بجدول معيار تقييم كتابة النص الجدلي).

الفصل السابع
الوحدة الثانية ـ التغير المناخي

أهداف الوحدة
مع نهاية هذه الوحدة، يحقق معظم الطلاب ما يلي:
- قراءة نصوص حول التغير المناخي وتأثيراته.
- شرح معاني المفردات وتوظيفها في كتاباتهم.
- استنتاج أهم الأفكار ومناقشتها.
- التعرف على أحكام العدد وتوظيفها.
- التعرف على المجاز المرسل وعلاقاته.
- التعرف على أسس كتابة الرسالة الرسمية وخصائصها وأجزائها.
- إنشاء رسالة رسمية موجهة إلى جهة رسمية.

نشاط تمهيدي:
يمكن للمعلم أن يقوم بعرض فيديو حول التغيرات المناخية، ثم يسأل الطلبة مناقشة محتواه، وكتابة وجهة نظرهم، اقبل جميع الآراء وشجع الجميع على المشاركة.

- اطلب من الطلبة مناقشة أسئلة النشاط التمهيدي المذكورة في كتاب الطالب ثم قراءة النص قراءة صامتة.
- اطلب من بعض الطلبة قراءة النص قراءة جهرية.

إجابات كتاب الطالب:

التدريب الأول
1. 14 تشرين الأول/ أكتوبر.
2. اختلال في الظروف المناخية التي تمتاز بها كل منطقة جغرافية وتقوم بالتأثير في الأنظمة الطبيعية.
3. لقد أدت الثورة الصناعية وتوليد الطاقة في المائة والخمسين عامًا الفائتة إلى حرق مليارات الأطنان من الوقود في المصانع ووسائل المواصلات، وتم فيها قطع الأشجار.
4. تراجع في الإنتاج الزراعي، ارتفاع مستوى البحار.
5. لأنه نتيجة التغيرات المناخية.
6. هطول أمطار...
7. الحد من انبعاثات الغازات الدفينة، استخدام الطاقة البديلة. وغيرها

التدريب الثاني
- الغازات الدفينة: هي غازات توجد في الغلاف الجوي تتميز بقدرتها على امتصاص الأشعة التي تفقدها الأرض (الأشعة تحت الحمراء) فتقلل ضياع الحرارة من الأرض إلى الفضاء، مما يساعد على تسخين جو الأرض وبالتالي تساهم في ظاهرة الاحتباس الحراري.
- مطامر النفايات: موقع للتخلص من النفايات قبل الدفن وهو أقدم شكل من أشكال معالجة النفايات تاريخيًا، ومطامر القمامة من الأساليب الأكثر شيوعًا للتخلص المنظم من النفايات.
- الاحتباس الحراري: ظاهرة ازدياد درجة الحرارة السطحية المتوسطة في العالم، مع زيادة كمية ثاني أكسيد الكربون والميثان، وبعض الغازات الأخرى في الجو. هذه الغازات تعرف بالغازات الدفيئة لأنها تساهم في تدفئة جو الأرض السطحي.
- مقياس رختر: هو مقياس عددي يستخدم لوصف قوة الزلازل. اخترعه تشارلز فرانسيس رختر في عام 1935. الزلازل التي قياسها 4.5 أو أكثر على المقياس يمكن أن تقاس بجهاز اسمه السيسموغراف.
- الرياح الموسمية: نوع من الرياح تعود نشأته إلى ظروف الضغط الجوي الذي يتعرض إلى تحولات كبيرة ما بين الصيف والشتاء. تهب الرياح الموسمية في مواعيد معينة على أقاليم محصورة في المناطق المدارية. تتميز الرياح الموسمية بأمطارها الصيفية الغزيرة وبجفاف معظم مناطق هبوبها في فصل الشتاء وباختلاف اتجاهاتها في الصيف عن الشتاء.
- تنمية: عنصر أساسي للاستقرار والتطور الإنساني والاجتماعي، وهي عملية تطور شامل أو جزئي مستمر، وتتخذ أشكالاً مختلفة تهدف إلى الرقي بالوضع الإنساني نحو الرفاهية والاستقرار والتطور بما يتوافق مع احتياجاته وإمكانياته الاقتصادية والاجتماعية والفكرية.
- التصحر: تعرض الأرض للتدهور في المناطق القاحلة وشبه القاحلة والجافة شبه الرطبة، مما يؤدي إلى فقدان الحياة النباتية والتنوع الحيوي بها. ويؤدي ذلك إلى فقدان التربة الفوقية ثم فقدان قدرة الأرض على الإنتاج الزراعي ودعم الحياة الحيوانية والبشرية.

التدريب الثالث
1. أربع عشرة
2. عشرة
3. ثمانية وعشرون
4. مئة وسبعة وستون/خمس وثمانون
5. ست عشرة
6. ألفا وخمسَمئةٍ وأربعةً وثلاثين

التدريب الرابع
ضع معدودًا مناسبًا في المكان الخالي في الجمل الآتية:
1. لاعبًا
2. كتاب

3 مدن
4 قصيدة
5 مؤتمرًا
6 فوائد
7 مصابيح
8 يومًا
9 ليال
10 دينارًا/ريالًا/درهمًا

التدريب الخامس

1 مجاز مرسل علاقته الحالية فهو نزل في دارهم
2 مجاز مرسل علاقته الكلية (القاتل واحد من القوم، واستخدم الكل ليدل على الواحد (الجزء))
3 مجاز مرسل علاقته اعتبار ما كان
4 مجاز مرسل علاقته السببية، فاليد سبب النعم
5 مجاز مرسل علاقته المحلية، ذكر محل الدموع وأراد الدموع

التدريب السادس

اطلب من الطلبة تبادل النتائج التي وجدوها.
الرسالة الرسمية.

التدريب السابع

قم بتقييم أعمال الطلبة و تزويدهم بملاحظات تساعدهم في تحسين أعمالهم الكتابية.

إجابات كتاب التدريبات:

التدريب الأول

1 الاحتباس الحراري 2 مقياس ريختر 3 مطامر النفايات
4 الرياح الموسمية 5 التصحر

التدريب الثاني

- الثورة الصناعية وتوليد الطاقة.
- التغيرات المناخية تودي بحياة الآلاف من البشر.
- دخول الأرض في عصر مناخي جديد، ولعل هذا الأمر يجعلنا نعود أدراجنا إلى الوراء.
- يتأكد المعلم من دقة أعمال الطلبة ويقدم الدعم اللازم حتى يتسنى للطلبة أن يطوروا كتابتهم.

التدريب الثالث

شجع الطلبة على استخدام أفكار إبداعية غير تقليدية لعمل المطوية وعدم الالتزام بشكل منشور محدد. شجع الطلبة أيضًا على استخدام طرق إبداعية صديقة للبيئة؛ كأن يعرض الطالب عمله إلكترونيا توفيرًا للورق وغيره.

التدريب الرابع

إجابات متنوعة.

التدريب الخامس

1 ثلاثة أسابيع/مئةً وأربعَ عشرةَ مدرسةً/ألفا وسبعة عشر صفًا
2 مئة وثلاثًا وخمسين سمكة/خمس برك
3 ألف وتسعِمئة وأربعة وستين
4 سبعة وأربعين منزلًا
5 ألف وتسعمئة وتسع وثلاثين
6 خمسُمئة وثمانية أشخاص
7 سبعة وسبعين إعلاميًا
8 اثنتا عشرة وردة

التدريب السادس

1 عشرين 2 ثلاثين 3 ست وخمسون 4 سبعون

التدريب السابع

1 واحدةً 2 ستَّ عشرةَ 3 عشرَ 4 عشرينَ
5 أحدَ عشرَ 6 كتاب 7 ثلاثة 8 سبعُ
9 ثلاثةِ 10 مئةٍ/كلمةً

التدريب الثامن

ألف ومئة وثلاثة/خمسة عشر وسبعة وثلاثون/خمسة وأربعين/ألف وأربعمئة/ألفين وخمسين.

التدريب التاسع

1 مجاز مرسل علاقته الجزئية، ذكر القافية وهي جزء من القصيدة، وأراد القصيدة.
2 مجاز مرسل علاقته الحالية، ذكر معن (الحال في القبر) وأراد القبر.
3 مجاز مرسل علاقته السببية، ذكر النفوس وأراد الدماء، ووجود النفس في الجسم سبب في وجود الدم.
4 مجاز مرسل علاقته المحلية، ذكر البحر (المحل) وأراد السفينة (الحال فيه).
5 مجاز مرسل علاقته اعتبار ما كان.
6 تدري مجاز مرسل علاقته المحلية، ذكر المحل وأراد الناس (الحالين فيه).

التدريب العاشر - التدريب الثاني عشر

قم بتقييم أعمال الطلبة وتزويدهم بالملاحظات البناءة بهدف تحسين أعمالهم الكتابية.

الفصل السابع
الوحدة الثالثة ـ علاقة الإنسان بالطبيعة ضمن واقع الحياة

أهداف الوحدة
مع نهاية هذه الوحدة، يحقق معظم الطلاب ما يلي:
- قراءة موضوعات عن علاقة الإنسان بالطبيعة ضمن واقع الحياة قراءة متأنية صامتة وجهرية.
- تحديد الأفكار الرئيسة لكل نص.
- إنشاء موضوعات جديدة تتضمن الأفكار الرئيسة الواردة في النص وموظفين المفردات المستخدمة فيه.
- التعرف على الاستثناء وأدواته.
- إتقان كتابة المفردات التي تحتوي على كاف وتاء المخاطبة.
- التعرف على أسلوب المناقشة.

نشاط تمهيدي:
- اعرض لوحة فنية مستوحاة من البيئة المحيطة.
- اسأل الطلبة عن اللوحة و عن مدى تأثر الفنان بالبيئة المحيطة، ثم اسأل الطلبة عن أهمية البيئة بالنسبة للإنسان.
- اعرض فيديو عن مدى التأثير السلبي للإنسان في البيئة ثم اطلب من الطلبة التعليق عليه. اقبل جميع المشاركات ثم اطلب منهم مناقشة أسئلة النشاط التمهيدي وقراءة النص قراءة صامتة ثم اطلب من بعضهم قراءة النص جهرًا. يمكن أيضًا أن تطلب من الطلبة قراءة نص يتحدث عن هذا الموضوع ثم مناقشته في مجموعات على أن تقوم كل مجموعة بتسجيل الآثار السلبية الأخطر على البيئة.
- اسأل الطلبة أسئلة التمهيد الموجودة في كتاب الطالب ولا تنسَ أن تشجع جميع الطلبة على المشاركة الفعالة في النقاش.

إجابات كتاب الطالب:

التدريب الأول
1. الإنسان هو الكائن الفاعل، والطبيعة تشكل مجالًا لفعله، وعن طريق هذا التفاعل المتبادل سعى الإنسان إلى استغلال موجودات الطبيعة ليحولها إلى نتاج يعتمد عليه لاستمرار عجلة الحياة.
2. في المراحل الأولى من تاريخ البشرية كانت علاقة الإنسان بالطبيعة علاقة تناغم وانسجام وارتباط وثيق. أصبحت علاقة مواجهة وتمرّد. الإنسان يستغلها في المصنع والمعمل وهي تتمرد وتهدد. سلامته وكيانه.
3. التطور الذي تشهده البشرية.
4. حماية البيئة والمحافظة عليها والكف عن انتهاك مصادرها.
5. الإجابة في الفقرة الأخيرة من النص.

التدريب الثاني
- عجلة الحياة: سرعة واندفاع الحياة
- الأزمات البيئية: اضطراب فجائيّ يطرأ على التَّوازن
- التوعية البيئية: النصح والتثقيف بخصوص شؤون البيئة
- عناصر الطبيعة: مجموع العناصر الطبيعية التي تحيط بالإنسان والحيوان
- ثقافة بيئية: العلم والمعرفة

التدريب الثالث

	المستثنى منه	المستثنى	أداة الاستثناء
1	الضيوف	سارةَ	إلا
2	الطلابُ	طالبًا	عدا
3	وفود الحجاج	وفدٍ واحدٍ	سوى
4	أحد	الأواريُّ	إلا
5	صديق	الكتابَ	إلا

التدريب الرابع
يقبل المعلم جميع الجمل الصحيحة بناءً على القاعدة.

التدريب الخامس
1. هل أنتَ بخير؟
صيغة المؤنث: هل أنتِ بخير؟
2. اكتبْ درسكَ.
صيغة المؤنث: اكتبي درسكِ. الحكم: اكتبي فعل أمر يضاف إليه ياء المخاطبة، درسكِ، كاف المخاطبة، يضاف إليها الكسرة.
3. كيف حالكَ؟
صيغة المؤنث: كيف حالكِ؟
4. أراكَ تأكل الكثير من الملح.
صيغة المؤنث: أراكِ تأكلين الكثير من الملح. الحكم: أراكِ كاف المخاطبة، يضاف إليها الكسرة، تأكلين فعل مضارع يضاف إليه ياء المخاطبة.

- يجب تذكير الطلبة بأنه إذا دخل على فعل المضارع أداة نصب أو جزم يتم حذف النون من آخره وتبقى ياء تأنيث المخاطبة.

مثال دخول أداة جزم: نقول للمذكر: أنت تفعل وللمؤنث: أنتِ تفعلين، فإذا دخلت عليها لا الناهية صارت للمذكر: لا تفعلْ، وللمؤنث: لا تفعلي.

الفصل السابع - الوحدة الثالثة - علاقة الإنسان بالطبيعة ضمن واقع الحياة

5 قم للمعلم و فِّه التبجيل.
صيغة المؤنث: قومي للمعلمة وفيِّها التبجيل. الحكم:
قومي (وفيِّها) فعل أمر يضاف إليه ياء المخاطبة،

6 وفقكَ الله لعمل الخير.
صيغة المؤنث: وفقكِ الله لعمل الخير، الحكم: وفقكِ
كاف المخاطبة، يضاف إليها الكسرة.

التاريخ والثقافة العربية
- اطلب من الطلبة قراءة الأبيات قراءة صامتة ثم مناقشة شرحهم مع زملائهم ثم توضيح مدى تأثر الشعراء بالبيئة.

التدريب السادس
قم بتقييم أعمال الطلبة الكتابية و تزويدهم بملاحظات تساعدهم على تحسين كتاباتهم.

التدريب السابع
اطلب من الطلبة الالتزام بآداب النقاش والحوار أثناء النقاش ودعم آرائهم بأدلة مقنعة.

إجابات كتاب التدريبات:

التدريب الأول

1 يتمكن من خلاله الإنسان من التواصل مع الآخرين، وهو من العمليات المعقدة التي يقوم بها الدماغ، ويشترك معه في هذه الفسيولوجيا أعضاء الصوت والكلام.

2 العِيّ أو عسر الكلام، وفيه لا يتمكن الإنسان من البدء بالكلام رغم العديد من المحاولات.
الثأثأة أو اللثغة وتعني إبدال حرف بحرف آخر كنطق حرف السين ثاء ونطق حرف الراء واوًا أو لامًا، الفأفأة، اللجلجة، التلعثم حيث يقوم بها الإنسان عن طريق تكرار حرف واحد مرات ومرات، فيتلكأ ويتلعثم لإخراج حرف.

3 نعم/لا، يشجع المعلم النقاش بين مؤيد ومعارض.

4 يشجع المعلم الطلبة على البحث في أسباب مشاكل النطق ومناقشتها.

5 اللَّهاة، عطب، يتلكأ، تصلب.

6 المعقدة، نظام، عسر، رهبة.

التدريب الثاني
التدريب الثاني:
يقوم الطلبة بمناقشة لنص فيما بينهم بعد قراءته قراءة صامتة.

التدريب الثالث:

1 طبيعة الأعمال التي يقومون بها تفرض عليهم طريقة معينة في التعامل فالبدو مثلا يكونون متعاونين على معاشهم.

2 إذا اتسعت أحوال هؤلاء المنتحلين للمعاش وحصل لهم ما فوق الحاجة من الغنى والرفاهية، دعاهم ذلك إلى السكون والدعة، وتعاونوا في الزائد على الضرورة، واستكثروا من الأقوات والملابس، والتأنق فيها وتوسعة البيوت واختطاط المدن والأمصار للتحضر.

3 أهل المدن

4 يشجع المعلم الطلبة على تلخيص أهم أفكار النص باستخدام قواعد التلخيص (صفحة 31 فن كتاب الطالب).

التدريب الرابع

1 نحلتهم: مذهبهم

2 الأقوات: ما يأكلُه الإنسان ويعيش به

3 الديباج: نَسيجٌ مِنَ الحَريرِ الأصيلِ، مُلَوَّنٌ ألوانًا مُخْتَلِفَةً

4 الأمصار: جمع مصر وهو منطقة كبيرة تُقام فيها الدورُ والأسواقُ والمدارسُ وغيرها من المرافق العامَّة.

5 استجاده: عدَّه جيِّدًا.

التدريب الخامس

1 استثناء تام منفي
سوى: مستثنى منصوب/وتعرب بدلًا مجرورًا
بابين: مضاف إليه مجرور بالياء

2 استثناء تام مثبت
المالح: مستثنى منصوب بالفتحة

3 استثناء منفي ناقص
سعد: فاعل مرفوع وعلامة رفعه تنوين الضم

4 استثناء تام مثبت (مفرغ)
سعدا: مفعول به منصوب بتنوين الفتحة

5 استثناء منقطع
بضائعهم: مستثنى منصوب وعلامة نصبه الفتحة الظاهرة وهو مضاف

التدريب السادس

1 غيرَ   2 عدا   3 إلا   4 سوى
5 حاشا   6 ما خلا

التدريب السابع

أ. إلا/ ما حاشا/ غير
ب. اليعافيرَ
ج. لأن حاشا فعل ماض اقترن بـ"ما" المصدرية فوجب نصب الاسم بعده، لأنه مفعول به.
د. لا، لأن الاستثناء مثبت

التدريب الثامن

1 أهنئكِ، أصبتِ   2 لكِ   3 فيكِ، أنَّكِ   4 أنتِ   5 وفقكِ

التدريب التاسع

شجع الجميع على المشاركة و ذكر الطلبة بآداب النقاش، ثم قيم كتاباتهم و زودهم بملاحظات بناءة.

إجابات نموذج على غرار الامتحان

الورقة 1 القراءة:

مدينة مصدر

1 مستقبل أخضر خال من التلويث.

2
- استخدام الطاقة البديلة.
- التنمية العمرانية المستدامة محليا وإقليميا.
- الحفاظ على الكوكب من التلوث.
- رعاية مشاريع و أحداث البحوث والتطوير في مجالات التقنيات النظيفة.

3
- نعم، لأنها تشجع الناس على جعل مدنهم تبدو كمدينة مصدر نظيفة و خضراء وخالية من التلوث، وتساعدهم على إدراك أهمية و فاعلية استخدام الطاقة البديلة.

4
- امتلاك أبو ظبي 8% من احتياطات النفط الخام.
- اعتبار شركة (آدنوك) واحدة من أكبر 10 شركات في العالم.
- امتلاك الإمارة ما يكفي من احتياطات الكربون للاستمرار في مستويات الإنتاج العالي.

5
- من خلال القيام بالاستثمارات الصحيحة في مجال الطاقة المتجددة والمستدامة.
- تمنح المدينة المؤسسات المشاركة فيها فرصة غير مسبوقة لتطوير واختيار تقنياتها في بيئة واقعية.

6
- التنمية المستدامة: عملية تطوير المدن والأرض والمجتمعات والأعمال لتلبي احتياجات الحاضر والأفراد في المستقبل.
- الطاقة المتجددة: الطاقة التي تتجدد باستمرار ولا يمكن أن تنفد مثل طاقة الشمس والرياح و الماء.

الورقة 2 الكتابة:

مدينة مصدر مدينة عربية ومركز عالمي للطاقة المتجددة والأبحاث، تبلغ مساحتها 6 كيلومترات وهي أول مدينة خالية من الكربون والنفايات وتعمل كلها بالطاقة الشمسية، والمدينة مقسمة إلى عدة أغراض كالسكن والأعمال والأبحاث والمشروعات التجارية والخدمات والمواصلات.

توفر مدينة مصدر أفضل بيئة للحياة بأقل ضرر بيئي ممكن، وتحتوي مدينة مصدر على أحدث المباني وأكثرها استدامة في العالم. وفي مركزها مظلات متحركة عملاقة مستوحاة من فكرة زهرة تبّاع الشمس؛ لتظلل الساحات والأماكن العامة في الصباح وتغلق على نفسها في المساء للتخلص من الطاقة التي امتصتها.

الفصل الثامن
الوحدة الأولى - الأدب العربي

أهداف الوحدة
مع نهاية هذه الوحدة، يحقق معظم الطلاب ما يلي:

- التعرف على أهم خصائص النص السردي والوصفي.
- التعرف على معاني الكلمات من خلال سياق استخدامها وتوظيفها عند الكتابة.
- تحديد الموضوعات في النص السردي والوصفي وتحليل وتقييم ما هو مهم لأغراض محددة.
- فهم وشرح ومقارنة المعاني الضمنية في النص.
- فهم تركيب النداء وتوظيفه عند الكتابة.
- التعرف على التأثير اللغوي عند استخدام الكناية وتوظيفها عند الكتابة.
- كتابة نص سردي ووصفي ممتع.

نشاط تمهيدي:
يهدف هذا النشاط إلى تهيئة الطالب للدرس وتحفيزه على المشاركة في النقاش وتبادل الآراء والمعلومات العامة حول قصة (في القطار). كذلك يهدف هذا النشاط إلى تحفيز الطالب على التفكير في سمات النص السردي وعناصره وإبداء المقترحات.

تحضير قبل الدرس
اطلب من الطلاب البحث في شبكة الإنترنت عن قصة (في انتظار) والإجابة عن الأسئلة التالية:

1 مَن مؤلف هذه القصة وما المؤلفات القصصية الأخرى له؟
(محمود تيمور)

2 ما موقع هذه القصة بين القصص الأخرى في الأدب العربي؟
(أول قصة قصيرة في الأدب العربي)

3 ما عناصر السرد القصصي المُتوقع قراءتها في هذه القصة؟
(الشخصيات - مكان وزمان الحدث - الحبكة و الصراع - العقدة والحل وعنصر التشويق)

4 ما توقعاتك عن محتوى هذه القصة من النظر إلى العنوان؟

خلال الدرس
اطلب من الطلاب الإجابة عن الأسئلة السابقة وتبادلها مع باقي الزملاء في الصف.

إجابات كتاب الطالب:

التدريب الأول
يهدف هذا النشاط إلى تشجيع الطالب على قراءة النص لتكوين فكرة عن النص المقروء. كذلك يهدف هذا النشاط إلى تحفيز الطلب على فهم و جمع معانٍ صريحة.

- اطلب من الطلاب قراءة النص بصمت مرتين والتركيز على العناصر المهامة في النصوص السردية.

> يشجع المعلم الطلاب على استخدام المعجم للبحث عن المعنى الجديدة، معتمدًا على نفسه.

التدريب الثاني
يهدف هذا النشاط إلى تعزيز قدرة الطالب اللغوية في معرفة مرادفات الكلمات والتي ستساعده في الإجابة عن الأسئلة باستخدام أسلوبه الخاص.

1
- يسري: يُفَرَّج
- الضيعة: قرية صغيرة
- يطن: يرن
- همّ: عَزَمَ على
- يتبختر: يمشي في بطءٍ وتمايلٍ ومعجبًا بنفسه
- هنيهة: لحظة قصيرة
- يحملق: ينظر إليه ويطيل النظر
- أفطس: مَن انخفضت قصبة أنفه
- ارتياب: شَكّ
- أوداجه: عِرْقٌ في العُنُق ينتفخ عند الغضب

2
- كثّ اللحية: لحيته شعرها مجتمع ومُجَعَّدٌ
- وضاح الطلعة: مشرق الوجه
- أكل الدهر عليها وشرب: يقال للشيء القديم البالي
- لا ننبس ببنت شفة: لا تصدر عنّا أيّ كلمة
- كأن على رؤوسنا الطير: تشير إلى جماعة ساد بينهم صمت مطبق
- نكبح جماحه: نردعه
- استشاط غضبا: اشتدَّ غضبُه واحتدم

Cambridge IGCSE Arabic as a First Language

التدريب الثالث

يهدف هذا النشاط إلى تعزيز قدرة الطالب اللغوية في تحديد وتحليل و تقييم ما هو مهم لأغراض محددة.

> (لا تنس تشجيع الطالب على أهمية استخدام لغته الخاصة عند الإجابة وعدم نسخها من النص).

1. تمثل هذه القصة جانبًا واقعيًا اجتماعيًا فكريًا في فترة زمن الباشوية التي قسمت الناس إلى: أسياد وعبيد (الفلاحين)، وهي قسمة عادلة في نظر الأسياد، غير قابلة للكسر والتغيير، جائرة تقتضي ثورة وإصلاحًا في نظر الفقراء المتنورين.

2. وصف الكاتب الطبيعة بهوائها العليل والأشجار المتمايلة، وقارنها بالناس المتعبة من العمل وكذلك نفسه التي تشعر بالكآبة. كان الصباح ناصع الجبين، بينما البطل مكتئب حزين.

3. الشركسي شيخ يبلغ الستين، أحمر الوجه، براق العينين، يدل لون بشرته على أنه شركسي الأصل، وكان ممسكًا مظلة أكل عليها الدهر وشرب، أما حافة طربوشه فكانت تصل إلى أطراف أذنيه.

4. القيم القديمة تمثلت بالأستاذ والأفندي والشركسي وعمدة القليوبية والقيم الحديثة تمثلت بالراوي والتلميذ حيث المجموعة الأولى تقف ضد المساواة في التعليم بين الفقراء المتمثلين في الفلاحين والأغنياء وهذا عكس ما تؤمن به المجموعة الثانية.

5. المفارقة التصويرية بين الشكل الخارجي الجذاب، والجوهر الداخلي القبيح.

6. قرأ خبر نشر التعليم للجميع فغضب لأنه لا يؤمن بالمساواة وأن الفلاح سيتغير لأنه اعتاد على الضرب منذ الصغر وسيبقى حتى الموت.

7. يمكن للطالب تفسيره حسب تحليله الخاص.

8. نعم، استطاع الراوي التخلص من الكآبة التي شعر بها قبل ركوبه القطار وذلك واضح من خلال انشغاله التام بالحديث الذي دار أثناء الرحلة والذي وصل تقريبا إلى عدم سماعه دوي القطار وصفيره.

> القواعد
> ملاحظة: المنادى الشبيه بالمضاف يعني كل اسم تعلّق به شيء من تمام معناه كالجار والمجرور: يا سريعًا بالقرارِ.
> والمفعول به: يا قائدًا دراجةً.
> والفاعل: يا جميلًا صوتهُ.
> حتى تفرّق بين المنادى المضاف والمنادى الشبيه بالمضاف لاحظ ما يلي:
> الجزء الثاني من المنادى المضاف دائمًا مجرور بالإضافة (يا سائق السيارةِ، لا تسرع). أما الجزء الثاني من المنادى الشبيه بالمضاف قد يكون مرفوعًا أو منصوبًا أو مجرورًا بحرف الجر كما في الأمثلة السابقة.

التدريب الرابع:

1. استخرج أداة النداء والمنادى وبين نوعه.
   - أجارَتَنا مضاف
   - أيا أحمدُ علم مفرد
   - هيا سائقًا نكرة غير مقصودة
   - يا أعدَلَ الناسِ مضافًا
   - يا سعيدُ علم مفرد
   - واحرَّ قلباه مضاف
   - أيا حافظًا شعرًا شبيه بالمضاف
   - أي بنيَّ مضاف
2. اقبل أية ثلاث جمل من النص.

التدريب الخامس

1. حدد الكناية ومعناها ونوعها في الجمل التالية:
   - الكناية (المحراث) ومعناها (فلاح ابن فلاح) ونوعها (موصوف).
   - الكناية (على بيض) ومعناها (ببطء) ونوعها (صفة).
   - الكناية (ابنة اليم) ومعناها (السفينة) ونوعها (موصوف).
   - الكناية (بين ثوبيك وملء بُرديك) ومعناها (تعود على الشخص) ونوعها (نسبة) كناية عن نسبة المجد والكرم إليه.
   - كناية (كثير الرّماد) ومعناها (أي كثرة حرق الحطب لإطعام الضيوف) ونوعها (كناية عن صفة الكرم) كناية (رفيعُ العِمادِ) ومعناها (أعمدة خيمته عالية) ونوعها (كناية صفة عظيم المكانة في قومه).
   - كناية (بساطهم حرير) ومعناها (العز) ونوعها (كناية عن صفة)، والشطر الثاني كناية (بساطهم تراب) ومعناها (الذل والفقر) ونوعها (كناية عن صفة).

2. بيّن الصفة التي تلزم كل كناية من الكنايات التالية:
   - الكناية صفة فهو يصفه بأنه ذو تجارب
   - الكناية صفة فهو يصفه بالكبر والهرم
   - الكناية صفة فهو يصفه بالسرعة
   - الكناية صفة فهو يصفه بالشهرة
   - الكناية صفة فهو يصفه بالإسراف والتبذير
   - الكناية صفة فهو يصفه بالغباء
   - الكناية صفة فهو يصفه بحسن الخلق.

التدريب السادس

يهدف هذا النشاط إلى تهيئة الطالب لاستخدام اللغة وعرضها بشكل مناسب للجمهور وسياق النص السردي. كذلك يهدف هذا النشاط إلى تشجيع العمل الجماعي وتقييم ما هو مهم لأغراض محددة. كذلك يعزز الثقة لدى الطالب عند تبادل المعلومات مع باقي الطلبة.

- اطلب من الطلاب البحث في شبكة الإنترنت عن أبرز الأدباء في النثر والشعر وإعداد نبذة عن الشخصية التي تم اختيارها.
- شجع الطلاب على قراءة النص أمام الصف.

التدريب السابع

يهدف هذا النشاط إلى تحفيز الطالب على تبادل الأفكار وتحديد ما هو مهم لأغراض محددة وتحليه وتقييمه، وفهم كيف يصل الكُتّاب إلى المؤثرات. كما يعزز من قدرة الطالب على الطلاقة في سرد تجربته والتعبير عما مَرّ من أفكار وشعور وتخيّل واستخدام اللغة وعرضها بشكل مناسب للجمهور ولسياق النص والاستخدام الدقيق والفعال للفقرات، والتراكيب النحوية، والجمل، وعلامات الترقيم والإملاء.

- اطلب من الطلبة مناقشة وتنفيذ المطلوب في هذا التدريب *(1-5)*
- وزع ورقة التقييم التالية على الطلاب لاستخدامها في تقييم مستوى كتابتهم (اطلب منهم وضع × في المربع إذا تم تطبيقه):

	نقطة التقييم	ضع X
1	هل قسمت الموضوع إلى مقدمة وعرض وخاتمة؟	
2	هل وصفت الموقف، وأحداثه جيًّدا؟	
3	هل وصفت مشاعرك، وأحاسيسك خلال الموقف أو أثره جيًّدا؟	
4	هل وظفت اللغة التصويرية المجازية؟	
5	هل وظفت الأساليب الإنشائية (المراوحة بين السرد والحوار والوصف الخارجي والوصف الداخلي)؟	
6	هل وظفت أدوات الربط المناسبة؟	
7	هل وظفت علامات الترقيم المناسبة؟	
8	هل طبقت قواعد التهجئة المناسبة عند الكتابة؟	
9	هل طبقت القواعد النحوية والبنائية عند الكتابة؟	

يمكن أيضًا طلب تقييم الطلاب لأداء زملائهم وبيان الموضوع الذي أثر فيهم بطريقة أقوى وبيان السبب.

إجابات كتاب التدريبات:

التدريب الأول

يهدف هذا النشاط إلى تهيئة الطالب للنشاط وتحفيزه للنقاش حول السيرة الذاتية للكاتب أحمد أمين. كذلك يهدف هذا التدريب إلى تحفيز الطالب على تقييم مدى فهمه لأسلوب النص السردي وبنائه وذلك عن طريق التوقع قبل القراءة.

اطلب من الطلاب قراءة أسئلة التدريب، وأعطهم الفرصة لتبادل الآراء حول الموضوع ومناقشته، ثم اسأل بعض الطلبة عن رأيهم.

هذا النص يناقش السيرة الذاتية للكاتب أحمد أمين. اطلب من الطلاب توقع نوع النص، هل هو(جدلي/سردي/وصفي...) ولماذا؟ (ما خصائصه؟)

التدريب الثاني

1 اطلب من الطلاب قراءة النص مرتين على الأقل.

2 اطلب من الطلاب استخدام المعجم لاستخراج الكلمات و لتعابير غير المفهومة وكتابتها في الدفتر.

3 اطلب من الطلبة قراءة أكثر الكلمات غرابة بصوت عال أمام الصف.

- القراءة لمتكررة هي استراتيجية فعالة يمكن استخدامها حين يتفاوت مستوى الطلاقة في القراءة بين الطلبة، وتكون أنجع حين تطبق على مجموعات صغيرة حيث يستمع بعض الطلاب إلى بعض.
- استخدام المعجم لاستخراج كلمات بديلة وقراءتها مام الصف سيثري الطلاب بخيارات المترادفات.

التدريب الثالث

يهدف هذا التدريب إلى تشجيع الطالب على تقييم فهمه عن طريق مقارنة إجاباته قبل قراءة النص وبعدها.

1 اطلب من الطلاب تدوين ملاحظاتهم حول المقارنة بين التوقعات التي ذكروها في التدريب *1* ومحتوى النص، والأمور المتشابهة بين إجاباتهم والنص، وإن كان المؤلف قد تطرق إلى أمور لم يذكروها في دفترهم.

2 اطلب من الطلاب تبادل بعض النقاط مع زملائهم في الفصل.

التدريب الرابع

يهدف هذا النشاط إلى تعزيز قدرة الطالب اللغوية على تحديد وتحليل و تقييم ما هو مهم لأغراض محددة. (لا تنس تشجيع الطالب على أهمية استخدام لغته الخاصة عند الإجابة وعدم نسخ الإجابة من لنص)

- إجابات متوافقة مع ما ورد في النص.

التدريب الخامس

يهدف هذا النشط إلى تعزيز قدرة الطالب اللغوية على معرفة مرادفات الكلمات التي ستساعده في الإجابة عن الأسئلة باستخدام أسلوبه الخاص.

منظرة: مكانٌ من البيت يُعدُّ لاستقبال الزائرين.

حشية: فراشٌ يُتّكأ أو يُنام عليه محشوٌ بالرِّيش أو بالقطن و بنحوهما.

مولعًا: متعلق/شغوف

نواة: مركز

إرهاصًا: تنبؤ، توقع

زمام أموره: قراره

يأبه: يبالي

الأرستقراطية: الطبقة الرفيعة من المجتمع

الاستبداد: التَعَسُّف

التدريب السادس

اقبل إجابات متوافقة مع ما ورد في النص.

التدريب السابع

يهدف هذا النشاط إلى تعزيز قدرة الطالب اللغوية على معرفة أهمية سرد التفاصيل في رسم صورة واضحة لأحداث القصة.

- اطلب من الطلبة مناقشة العبارة.
- شجع الطلبة على كتابة انطباعاتهم في الدفتر، موضحين السبب.

التدريب الثامن

اقبل إجابات متنوعة.

- شجع بعض الطلبة على قراءتها أمام الفصل.
- اطلب من الطلاب الاستماع وإعطاء النصائح لتحسين مستوى الكتابة.
- أعط ملاحظاتك حول تفاصيل الجمل وشجع الإبداع والتفاصيل في السرد.

التدريب التاسع

1
- كناية موصوف – القلب
- كناية عن صفة – الرفاهية
- كناية صفة – الشيخوخة والهرم
- كناية نسبة – نسب الجود إلى شيء متصل بالممدوح وهو المكان الذي يوجد فيه ذلك الممدوح.

2
- طارت شعاعًا: تملكها الخوف والفزع، تُراعي: تفزعي، يسأم: يمل ويضجر، سَقَطِ المَتاعِ: الشيء القليل الذي لا قيمة له.
- باستخدامه للكنايات ذات المعنى المؤثر.
- إجابات متنوعة (الأهم هنا تأكيد فكرة استخدام الكناية في تعزيز الوصف والسرد ونقل الإحساس بأسلوب مميز).
- وضحت الإحساس الذي يوحي به هذا العنوان بشكل راقٍ وهو الإيمان بأهمية الصمود في الشدائد والثبات في مواجهة الصعاب.

التدريب العاشر

- **يا كريم** كن صبورًا في المحن.
  نوع المنادى: علم مفرد
- **أيا عامل النظافة** إن المدينة تزهو بفضلك.
  نوع المنادى: مضاف
- **هيا سائقي السيارة**، حافظوا على سلامة الآخرين.
  نوع المنادى: مضاف
- **أي طالبان** اهتما بدروسكما.
  نوع المنادى: نكرة مقصودة

التدريب الحادي عشر

يهدف هذا النشاط إلى تحفيز الطالب على الطلاقة في سرد تجربة مر بها وشرح تفاصيل تلك التجربة.

1. شجع الطلاب على قراءة معيار تقييم كتابة النص السردي بدقة.
2. اطلب من أحد الطلاب أن يقرأ مقاله أمام الفصل وعلى باقي الطلاب الإنصات والاستماع إلى مقال زميلهم.
3. شجع الطلاب على تقييم مقال زميلهم بكتابة النقاط الإيجابية مع وضع مثال/أمثلة وتوضيح السبب. يمكنك أيضًا إضافة طلب كتابة نصيحة تساعد صاحب المقال على رفع مستوى عمله.
(هنا يمكنهم الاستعانة بجدول معيار تقييم كتابة النص السردي)

الفصل الثامن
الوحدة الثانية ـ قصة مَثَل

أهداف الوحدة
مع نهاية هذه الوحدة، يحقق معظم الطلاب ما يلي:

- قراءة النصوص قراءة جهرية جيدة.
- التعرف على بعض الأمثال العربية وتوظيفها.
- شرح المعاني والمفردات وتوظيفها في كتاباتهم.
- التعرف على الفاعل وصيغ المبالغة.
- التمكن من كتابة التنوين والنون الساكنة كتابة إملائية صحيحة.
- التعرف على قصة الأصمعي والخليفة وقصيدته المشهورة.
- التعرف على أسس كتابة التقرير.
- كتابة تقرير.

نشاط تمهيدي:
اطلب من الطلبة مسبقًا تحضير قائمة بالأمثال الشعبية المختلفة ثم اطلب منهم مناقشة مغزاها ومتى تقال.

إجابات كتاب الطالب:

التدريب الأول
1. وسيلة للوصف والحكمة ونتاج فلسفة الناس والعادات.
2. مجمع الأمثال للميداني.
3. كان يحاول أن يزرع شجرة عنب عن طريق عرس شجرة شوك.
4. بشدة بصرها.
5. اسم كلبة، تجد الإجابة في نص المثل الثالث.
6. من يقاطع في الكلام لأمر مهم.
7. للحكيم، في المثل الخامس.
8. إذا كان الجليس جليس سوء.
9. رب أخ لك لم تلده أمك.
10. كلام بلا فائدة أو عمل بلا نتيجة.

التدريب الثاني
العجم: غير العرب
خسيس: حقير، لا مروءة له
الغنائم: المكاسب
اجتاح: أهلك واستأصل

عطفوا على: مالوا إليهم واتجهوا نحوهم
استباح: اعتبره مباحًا غير ممنوع
الدية: المالُ الذي يعطى ولي أمر المقتول بدل أخذ اقصاص من القاتل نفسه
أَمَة: جارية، امرأةٌ مملوكة عكسها حُرَّة
جلبة: صياح وصخب

التدريب الثالث
1. الانفتاح على العالم، سرعة التطور العلمي.
2. يناقش المعلم الطلبة المؤيدين والمعارضين.
3-6 يشجع المعلم الطلبة على مناقشة المواضيع الواردة في الأسئلة 3-6.
هذه أسئلة مفتوحة ليس لها إجابة محددة.

التدريب الرابع
1. ناصر، صاعد، زائر، مصلح، مستفهم، متحد.
2. غضوب، مهيب، معوان، خجول، ساكوت، كذاب، نذير، أكول.

التدريب الخامس
- المعترف بذنبه خير من المتمادي.
- الرسامون يعلقون لوحاتهم في المعرض.   رسّام .. فعّال
- الحسود لا يسود.   حسود .. فعول
- من مأمنه يؤتى الحذِر   حَذِر ... فَعِل
- العاقل قليل الكلام.
- يعجبني القائد المغوار.   مِغوار ... مِفعال
- الجمل حقود.   حقود ... فعول
- كلب جوال خير من أسد رابض.   جوّال ... فعّال
- إن إطلالة لجبل خلابة.   خلّاب ... فعّال
- كلكم راع ومسؤول عن رعيته.

التدريب السادس
1. رملًا، رحلةً، حافلةً، سماءً، عبئًا، رزءًا، قلمًا.
2. جمل متنوعة.

التدريب السابع
ناقش التقرير مع الطلبة واطلب منهم بيان عناصر التقرير المذكورة في الأعلى.

إجابات كتاب التدريبات:

التدريب الأول

1. - وشى الرجل باللص إلى الشرطة.
   - وشى الثوب بالزخارف الجميلة.

   وشى: نَمَّ عليه وسعى به، نقل شيئًا عنه بخُبثٍ.
   وشى: نَقَشَه.

2. - يصاب الإنسان بالإرهاق حين يواصل السهر.
   - أصاب القوم شؤم وحَيْن.

   حِينَ: عندما.
   حَيْن: هلاك.

3. - كونوا أحسن أُمَّة بين الأمم.
   - جلب الخليفة عبدا وأَمَة لخدمته.

   أُمَّة: جماعة من الناس.
   أَمَة: جارية، امرأةٌ مملوكة.

التدريب الثاني

- الجَلَبَة : الهدوء والسكينة
- أَمَة : حرة
- الخسيس : النبيل/الشريف
- العرب : العجم

التدريب الثالث

يقبل المعلم الجمل المتعددة ويصحح الأخطاء. يشجع المعلم الطلبة على استخدام المفردات في سياق مختلف عما ورد في النص ويشجعهم على توسيع نطاق استخدامها.

التدريب الرابع

أ. اطلب من طالبين جمع بعض الأمثال العربية وقصصها وقراءتها على مسامع زملائهم.

ب. قم بتقييم أعمال الطلبة واطلب منهم المشاركة بوضع سلم تقدير كتابي لتقييم أعمالهم.

ج. أكمل الجمل الآتية:

- **إنك لا تجني من الشوك العنب**: يضرب المثل لمن يطلب الخير من غير أهله، أو لمن يقوم بالعمل السيء ويرتجي الحسن من العمل والخير. أو لمن يحاول تعديل سلوكيات شخص تربيته سيئة.
- المثل الذي يضرب لمن له قدرة بصرية خارقة: **أبصر من زرقاء اليمامة**.
- **قطعت جهيزة قول كل خطيب**: يضرب المثل لمن يقطع على الناس ما هم فيه من حيرة وجدال بخبر ينهي ما هم عليه.
- **القول ما قالت حَذام**: يضرب المثل لمن يثق الناس في تجربته وبصيرته ورأيه السَّديد.

التدريب الخامس

يطلب المعلم من الطلبة قراءة النص، ثم يناقش معهم ما ورد من أفكار، ويطلب منهم التلخيص وفق ما قد تعلموه سابقًا.

التدريب السادس

يقبل المعلم الجمل المتعددة ويصحح الأخطاء.

التدريب السابع

الفعل	اسم الفاعل	صيغة المبالغة
رحل	راحل	رحّالة
كذب	كاذب	كذوب/ كذّاب
نطق	ناطق	مِنطيق
جهل	جاهل	جهول
نَمَّ	نامّ	نمّام
صاد	صائد	صيّاد

التدريب الثامن

1. ضحوك/مطراق/عبوس
2. متلاف/تراك
3. قؤول/صؤول
4. قوال
5. مفراح
6. ضروب

التدريب التاسع

لغةً: لا نزيد ألفًا بعد التاء المربوطة.
جميلًا: يتم زيادة ألف تنوين النصب للاسم المنتهي بحرف صحيح.
رداءً: لا يتم زيادة الألف بعد الهمزة المسبوقة بألف ممدودة.
شعارًا: يتم زيادة ألف تنوين النصب للاسم المنتهي بحرف صحيح.
إنسانًا: يتم زيادة ألف تنوين النصب للاسم المنتهي بحرف صحيح.
فتًى: لا يتم زيادة الألف في نهاية الاسم المنتهي بألف لينة.

التدريب العاشر والتدريب الحادي عشر

قم بتقييم أعمال الطلبة واطلب منهم المشاركة بوضع سلم تقدير كتابي لتقييم تقاريرهم بناء على ما تم ذكره في كتاب الطالب.

الفصل الثامن

الوحدة الثالثة - اللهجات العربية المحكية ظاهرة طبيعية أم تشويه للّغة؟

أهداف الوحدة
مع نهاية هذه الوحدة، يحقق معظم الطلاب ما يلي:

- قراءة موضوعات عن اللهجات العربية المختلفة قراءة متأنية صامتة وجهرية.
- تحديد الأفكار الرئيسة لكل نص.
- إنشاء موضوعات جديدة تتضمن الأفكار الرئيسة الواردة في النص و توظيف المفردات المستخدمة في النص في ذلك.
- التعرف على الاسم المقصور والممدود والمنقوص من الأسماء.
- التعرف على أسلوبي الإيجاز والإطناب.
- تلخيص النصوص المطلوبة.

نشاط تمهيدي:
- اسأل الطلبة إن كان باستطاعتهم تقليد بعض اللهجات العربية؟ اطلب منهم أن يرددوا جملة ما بلهجات عدة؟ ثم اسألهم عن أصعب لهجة عربية بالنسبة لهم. اقبل جميع مشاركات الطلبة.
- اطلب منهم مناقشة أسئلة التمهيد وقراءة النص قراءة صامتة ثم اطلب من بعضهم قراءة النص جهرًا.

إجابات كتاب الطالب:

التدريب الأول
1. العنعنة: لفظ حرف الهمزة كحرف العين.
2. التلتلة: الإتيان بحرف المضارعة (أول حرف في الفعل المضارع) مكسورًا.
3. الاستنطاء: قلب حرف العين نونًا.
4. الشنشنة: قلب حرف الكاف شينًا.
5. الكَشْكَشَة: قلب كاف خطاب المؤنثة شينًا.
6. القَطْعَة: عدم نطق الحروف من آخر الكلمة.
7. الإمالة: يُقصد بها نطق الألف أقرب للياء.

التدريب الثاني
1. اللهجات المعاصرة لها جذور متأصّلة في لهجات القبائل العربية منذ القدم.
2. يوجه المعلم الطلبة إلى العودة إلى أمثلة النص والكتابة على غرارها.

3. تطورها.
4. تعتمد الإجابات على البلد واللهجة الخاصة بها. يشجع المعلم الطلبة على التفاعل مع الجدات وكبار السن في العائلة ومناقشتهم في موضوع اللهجات المحلية.

التدريب الثالث
1. الحصى: مقصور
2. القاصي/الداني: منقوص
3. حسناء: ممدود
4. الصحراء/ممدود
5. الأعمى: مقصور
6. السنا: مقصور
7. الحرباء: ممدود
8. العداء: ممدود
9. مشاء: ممدود
10. الفناء: ممدود

التدريب الرابع
1. فتًى
2. موسى
3. ماضٍ
4. الحمراء
5. المبنى
6. الشهباء

التدريب الخامس
1. إيجاز
2. إطناب
3. إطناب
4. إطناب

التدريب السادس
شجع الطلبة على البحث عن الحريري واطلب منهم جمع وقراءة بعضٍ من مقاماته ومناقشة بعضها معًا.

التدريب السابع
قم بتقييم أعمال الطلبة الكتابية وتزويدهم بملاحظات تساعدهم في تحسين كتاباتهم.

إجابات كتاب التدريبات:

التدريب الأول
1. إبدال العين من الهمزة المفتوحة مثل (عن) في (أن)   (العنعنة).
2. كَسْر حَرْف المضارَعة   (التلتلة).
3. قلبُ حرفِ الكافِ شيناً مثل (كيف لتصبح شيف)   (الشنشنة).
4. إبدال كافِ خطابِ المؤنثةِ شيئًا أو إلحاقها بها عندَ الوقف   (الكَشْكَشَة).
5. نطق الألفِ أقرب للياءِ (الإمالة).

التدريب الثاني
1. التكلُّم بصوت وحروف تُعرف بها المعاني.
2. حسب ما ورد في النص.
3. العامل النفسي يشكل واحدًا من أسباب أعطاب النطق ولا يشكل العامل الرئيس لهذه المشكلة، فهناك العامل الفيزيولوجي الذي ينتج عن تشوهات بالفك أو بالفم.
4. يوجه الطالب إلى القراءة حول هذا الموضوع، إجابات متنوعة.
5. اللهاة، عطب، يتلكأ، تصلب.
6. المعقدة، تنظيم، عسر، خجل.

التدريب الثالث
يقبل المعلم الجمل المتعددة ويطلب من الطلبة تصحيح الجمل الخاطئة مع التعليل.

التدريب الرابع
1. الماضي: رفع الماضيان، نصب الماضيين
2. بادي: باديان، باديَيْن
3. مأوى: مأويان، مأوَيْن
4. حمراء: حمراوان، حمراوين

التدريب الخامس
1. راعي: راعونَ وراعينَ/وتجمع على رِعاء ورُعاة ورُعيان
2. مستشفى: مستشفياتٌ، مستشفياتٍ
3. بيضاء: بيضاواتٌ، بيضاواتٍ
جمل متنوعة

التدريب السادس
أ. ثغاء/ كساء/ الغنا
ب. الوادي/ داعيا
ج. مأوى/ أحرى/ الدنيا
د. إذا كان الاسم المنقوص نكرة أي غير معرَّف بأل أو الإضافة، فإن ياءه تحذف ويعوَّض عنها بتنوين كسر على ما قبل الياء المحذوفة في حالة الرفع/ ويسمى تنوين العوض.
هـ. حذفت الهمزة في (الغنا) للضرورة الشعرية
و. مأوَى/ كساءٍ/ ثغاءٍ/ داعيًا
ز. داع (اقبل جملًا متنوعة)

التدريب السابع
1. إيجاز قصر
2. إيجاز حذف
3. إيجاز قصر
4. إيجاز قصر
5. إيجاز قصر

التدريب الثامن
1. خص الحياء بعد ذكر الأخلاق إعلاء لشأنه.
2. أضاف عبارة (إن الباطل زائل لا محالة تذييلًا للجملة (حصحص الحق...) تامة المعنى.
3. عبارة (بعض منايا القوم...) تذييل للعبارة (فإن أك...) تامة المعنى.
4. تكرار الجملة.

التدريبان التاسع والعاشر
قم بتقييم أعمال الطلبة وتقديم نصائح واضحة لتساعدهم على تحسين أعمالهم الكتابية. إن الملاحظات المقدمة للطالب مهمة جدًّا؛ لذا يجب أن توضح للطلبة الخطوات التي يجب اتباعها لتحسين كتاباتهم.

إجابات نموذج على غرار الامتحان

الورقة 1 القراءة

اللغة العربية... أصلها و أثرها في الحضارات

تحظى اللغة العربية بالأهمية قبل نزول القرآن، حيث تم اكتشافها مكتوبة بالخط المسندي في شبه الجزيرة العربية كما عُثر على نقوش خاصة بها في فلسطين في القرون القديمة.

ثمة نظريات حول أصول اللغة إحداها يعزو نشأتها في أفريقيا وانتقالها عبر الجزيرة العربية مرورًا بمنطقة الشرق الأوسط، وأخرى تؤكد نشأتها في شبه الجزيرة العربية نفسها، وكلا النظريتين تؤكدان أن اللغة لم يخرج منشؤها من نطاق الدول التي يسكنها العرب الآن، أما التطور الذي حدث بها فيعود إلى التوسع الذي رافق انتشار الإسلام وما تم إنتاجه من ثقافات وفقًا للبيئات الاجتماعية والثقافية واقترانها بلغاتها، حيث تستحدث مفردات وتتطور اللغة لتواكب الواقع المعاش.

وتكاد تكون اللغة السامية التي انطلقت منها العربية ولغات أخرى مثالًا على التطور الذي حدث لِلغة العربية، كما هو الحال في الكاذماتية التي تحدث بها الكنعانيون منذ آلاف السنين والتي تعود إلى الأصل السامي العربي المرتبط بالآرامية والذي يحتوي الكثير مما يدل على الأصول المشتركة بين اللغات المختلفة مهما اختلفت تسمياتها وأصولها وتصنيفاتها.

الورقة 2 الكتابة

القسم الأول
المناقشة و الجدال

الحضارة هي تدوين لأحداث أو علوم في زمن معين، أي أنها مرتبطة بشكل مباشر ورئيس باللغة التي استخدمت لتدوين تلك الحضارة؛ حيث إنها مفتاح فك كلمة السر لفهم العصر والحضارة القائمة فيه. و مع اندثار مفتاح فهم الحضارات، سيضيع كل أثر لما أنجز أو وجد في تلك الحضارة إلى أن تفهم اللغة مرة أخرى، كما هو الحال في الحضارة الفرعونية واللغة الهيروغليفية. بالإضافة الى أن صانعي الحضارة (الأفراد) سينزحون إلى حضارة لغتهم المحكية في حال عدم احتفاظهم بلغتهم الأم، مما سيسبب اندثار حضارتهم وتكوينهم لحضارة جديدة هجينة بين حضارتهم الأم وحضارة اللغة التي لجؤوا إليها.

القسم الثاني
الوصف و السرد:

استيقظ في ذاك الصباح و الشمس لا زالت ترحب بالعربية، أعاد شريط روتينه العربي وانطلق، منتصب القامة مشى بين العيون الأجنبية و الشوارع الأجنبية والطيور الأجنبية.

أيعقل هذا! أيعقل أن طالب العلم العربي الذي ترك وطنه لا يغرد إلا بالعربية؟ أوليس الأولى أن يتعلم لغتهم وشوارعم وطيورهم ويقطع مدخل جامعته حبل أفكاره؛ فترتسم على وجهه نسمة فرح، يشتم رائحة العلم، وهو الذي ناداه إلى بلد الغربة ليصبح صامتًا هناك، يغترف الكلام واللغة ويدخلها في جوفه جالسًا وحده مع الرياح والسماء، أم أن نار النقص التي اشتعلت بداخله لن تطفئها إلا تلك اللغة.